JN120377

働く君に贈る25の言葉

佐々木常夫

Words of advice
for young business people

PHP文庫

運命を引き受け、人を愛しなさい。
それが、自分を大切にすることです。

はじめに

現在、若い人にとって受難の時代ともいえる様相を呈しています。

厳しい経済状況のなかを生きる20～30代の若者の多くは、将来への希望がもてず、強い閉塞感のなかで働いているのではないでしょうか。先行世代に属する私としては、忸怩《じくじ》たる思いもあります。

私が東レ㈱に入社したのは１９６９年。高度経済成長期のさなかで、社会は活気にあふれていました。経済も会社も成長過程にありましたから、そこに生きていた人には将来への希望がありました。なんとなく、「自分たちはこれからもっと幸せになれる」と思える時代だったのです。そういう意味では恵まれた世代といえるかもしれません。

ただ、私は、その時代に生きたからという理由で、人が幸せになることができるわけではないと思います。なぜなら、時代状況にかかわらず、幸せとは、個々人の考え方や生き方によってもたらされるものだと思うからです。

私の人生にも、厳しい時期がありました。

39歳のときに、妻が肝臓を患い、入退院を繰り返すようになったのです。そのため私は、自閉症の長男を含む3人の子どもの世話と、妻の看病のために毎日18時には退社する必要に迫られました。その後、責任感の強い妻は、家族に負担をかけていることを気に病みうつ病を併発するに至り、四十数回に及ぶ入退院を繰り返しました。

私の仕事は多忙を極めていました。そのような状況のなか、家族のための時間を捻出するために、知恵を絞って業務の効率化を極限にまで高めました。しかし、会社からは何度も転勤を命じられ、東京と大阪を6度も行き来せざるを得ませんでした。

絶望も経験しました。

妻が自殺未遂をしたときのことです。私は、娘からの知らせを受け、病院にかけつけました。7時間にも及んだ手術の間、私は手術室の前の椅子に座って、ただ手術が終わるのを待つことしかできませんでした。このときばかりは、さすがの私も「これで俺の人生も半分終わった」という絶望感のなかにいました。

しかし、それでも「運命を引き受けよう」「いつかいい日が来る」と自らを鼓舞して、力を振り絞って、家庭と仕事に立ち向かっていきました。

そして、約8年もの年月がかかりましたが、妻は徐々に回復に向かい、今ではすっかり元気になりました。長男も障がいを抱えながらも、たくましく生きてくれています。


私が東レ経営研究所社長を退任してから、13年が経ちました。

サラリーマンとしては第一線を退いて時が過ぎましたが、それでも、大学を出て会社に入ったときのことは、昨日のことのように覚えています。緊張感と不安感をもちながら配属された職場に向かったものでした。あれから40年あまり。この間、いろいろなことがありました。成功も失敗も、楽しいことも悲しいことも……。そして、今、私は穏やかな気持ちで満たされています。

私は若いころ、大きな仕事がしたいと思いました。出世もしたかったし、お金もほしかった。しかし、この年齢になると、「人生にとって、もっと大事なものがあるではないか」という思いが湧きあがってきます。

苦難をともに乗り越えた愛する家族、かけがえのない友人、指導してくれた先輩、ともに戦った同僚、仕事でつながった社外の人たち……。たくさんの方々との間に精神的なつながりがあり、多くの方々が、私に親しみと信頼感をもって微笑みかけてくださる。これ以上の幸せがあるでしょうか？　そう思い至ったとき、これから人生と仕事に立ち向かっていく若い人々に、どうしても伝えたいことが心のなかにあふれてきます。

私は、若者に人生と仕事に積極的に挑んでほしい。そして、本物の幸せをつかんでほしい。そのために大切なことは自分を磨くことです。そして、仕事こそ私たちを磨き上げてくれるものなのです。

今の若者の時代と、私が生きた時代はもちろん違いますが、働くこと、生きることの基本に違いはないはずです。その基本を20〜30代に学んでほしいと願っています。

私のビジネスマン人生を振り返ると、「あの人に会ったことが……」「あの経験が……」「あの本を読んだことが……」という自分にとってのエポックメイキングとなるような出来事をいくつも思い出します。

そして、その多くが20～30代に起こったのだと気付かされます。今さらながら、若いころの経験が、その後の人生に、どれほど大きな影響を与えることかと思わずにいられません。若いころは、さまざまなことに関心をもったり、反省をしたり、喜んだり、悲しんだり、多感であるがゆえに学ぶことも多いものです。

そうした若いビジネスマンに、私がこれまでの人生のなかでつかみ取ってきた、幸せに働き、幸せに生きるための「エッセンス」をまとめたのが本書です。今年社会人になったばかりの甥、「遼君」(仮名)に向けた手紙という形で筆を進めました。

ひとりでも多くの若い方の心に、私のメッセージが届いてほしいと願っています。

佐々木常夫

働く君に贈る25の言葉◉目次

はじめに　4

第1章

自分を磨くために働く

17

advice 01
強くなければ仕事はできない。
優しくなければ幸せにはなれない。

advice 02
「目の前の仕事」に真剣になりなさい。
きっと、見えてくるものがある。

advice 03
欲をもちなさい。
欲が磨かれて志になる。

第2章

成長角度を最大化する

advice 04
「それでもなお」という言葉が、君を磨き上げてくれる。

advice 05
君は人生の主人公だ。何ものにもその座を譲ってはならない。

advice 06
3年でものごとが見えてくる、30歳で立つ、35歳で勝負は決まり。

advice 07
プアなイノベーションより、優れたイミテーションを。

第3章

仕事の要を知る

advice 08
仕事で大切なことは、すべて幼いときに学んでいる。

advice 09
よい習慣は、才能を超える。

advice 10
すぐに走り出してはいけない。まず、考えなさい。

advice 11
「思い込み」は、君を間違った場所へ連れていく。

advice 12

事の軽重を知る。
それが、タイムマネジメントの本質だ。

advice 13

書くと覚える、覚えると使う、
使うと身に付く。

advice 14

言葉に魂を吹き込むのは、
君の生き方だ。

advice 15

本物の重量感を知りなさい。

advice 16

せっかく失敗したんだ、
生かさなきゃ損だよ。

advice 17

自立した人間になりなさい。

第4章

どこまでも真摯であれ

advice 18
上司の強みを知って、それを生かしなさい。

advice 19
リーダーとは、周りの人を元気にする人。

advice 20
信頼こそ最大の援軍。

advice 21
君の幸せのために、弱い人を助けなさい。

advice 22
自分を偽らず、素のままに生きなさい。

第5章

とことん自分を大切にしなさい

第1章

自分を磨くために働く

Words of advice for young business people

advice 01

強くなければ仕事はできない。
優しくなければ幸せにはなれない。

遼君、先日は久しぶりに家に遊びにきてくれてありがとう。とても、嬉しかったですよ。

就職して3か月。研修期間も終わり、営業部への配属が決定したとのこと。いよいよ、君の社会人としての生活が本格的に始まるんですね。

幼いころの君の姿が、昨日のことのように思い出されます。

君と初めて対面したときのこともよく覚えています。

君のお父さんとは、私の4人兄弟のなかでも特に仲がよかったから、家族ぐるみでしょっちゅう行き来していました。だから、君が産まれたときにすぐに呼ばれ、会いにいったのです。

君は、両方の手のひらでそっと抱き上げられるほど小さかった。そんな君を、ご両親は、まるで〝こわれモノ〟に触れるように大事に大事に扱っていました。慣れていないからぎこちない様子で君を抱くお父さんの姿をからかって笑ったものですが、そのときのお父さんの嬉しそうな笑顔。あんなに嬉しそうな顔は、あまり見たことがなかったですよ。

君は、小学生のころまでは、よく私の家に遊びにきましたね。君のご両親は躾《しつけ》には厳しかった。だからでしょう、いつも君は礼儀正しく、「おじさん！　こんにちは！」と言って満面の笑顔をみせてくれました。

私の3人の子どもともよく遊びましたね。仲良くキャッキャと騒いでいるかと思えば、おもちゃの取り合いになって喧嘩《けんか》が始まる。そんなときの君はちょっと腕白《わんぱく》でした。だから、お父さんに叱られてよく泣いていましたね。

だけど、私は気付いていました。

小さいながらも、君がいつだって私の長男で自閉症の俊介のことを気遣ってくれていることを。そうした君の優しさを、私は心から頼もしく思ったものです。

そんな君も、もう社会人なんですね。月日が流れるのは早いものです。

ずいぶん立派になったものですが、スーツ姿はまだ身に付いていない感じでした。でも、その初々しい姿はなかなか好ましかったですよ。自分が就職したころのことを懐かしく思い出しました。

そして、何より嬉しかったのは、言動の端々《はしばし》に小さいころと変わらない、人に対する優しさが感じられたことです。

君には、その優しさを大事にしてほしい。

もちろん、仕事をするうえでは強さが必要です。困難な仕事を成し遂げるための「粘り強さ」、失敗しても叩かれても立ち上がる「芯の強さ」、ときには自説を押し通す「気の強さ」も必要でしょう。

こうした強さを身に付けて、仕事に立ち向かえばきっと大きな仕事ができるようになるはずです。

仕事は面白い。

私は「ビジネスとは予測のゲームである」と考えています。現状を把握し、将来に何が起こるかを見極め、戦略を立てて、実行する。これらが見事にはまり、ゲームに勝ったときの痛快さといったらありません。

しかも、仕事はその結果が形になって残ります。「これは俺がつくった工場」「あれは俺が立ち上げた事業」などと自分が投入した努力が形となって残るのです。これは、自己実現欲求の強い私にとっては、何物にも代えられない喜びでした。君にもこの喜びを存分に味わってほしい。だから、強くなってほしい。

ただ、強さだけでは幸せになることはできません。

強さの根底に優しさがなければ、幸せになることはできないのです。

今、多くの会社の経営陣に加わっている人々のなかには、人間的に素晴らしい方がたくさんいます。しかし、なかには、他者を切り捨て、傷つけてきた人がいるのも事実です。

そのような人たちは、たしかに仕事はできるかもしれません。しかし、そのような「権力者」と一生付き合っていきたいと思いますか？　「ああ、この人と出会えてよかった」と心から思うことができますか？

私は、他者を思いやる優しい人とともに仕事をし、人生を歩んでいきたい。そして、私も優しい心をもった人間として、人生をまっとうしたい。

私たちは、ビジネスマンである前に一個の人間です。幸せな人生を求める人間なのです。

優しさを貫くのは、簡単なことではありませんよ。

口先だけの優しさは、かえって人を傷つける結果となります。相手と真剣に向き合わなければなりません。これは骨の折れることです。弱い人を守ることによって、強い人から攻撃を受けることがあるかもしれません。ときには、優しさを捨てて、誰かを切り捨てたほうが楽になれることもあるかもしれません。

それでも、優しい心を失わないでほしい。なぜなら、それが、幸せになる唯一の方法なのですから。

遼君、君なら、私の言おうとしていることを理解してくれると思います。


君の前には真っさらな人生が広がっています。

どのように働き、どのように生きるのか――。

それは、君自身が選び取っていくことです。

君はしっかりしたご両親に育てられたし、がんばり屋ですから、きっと正しい道を選んでいくことができると思います。ただ、私自身がそうであったように、君も、悩んだり、迷ったり、落ち込んだりしながら、少しずつ自分なりの働き方や生き方を確立していくでしょう。

先日、お酒を酌み交わしながら、いろいろと私の経験を話しましたが、語りつくせなかったこともたくさんあります。それで、この手紙を書くことにしました。これから、会社人生の先輩でもあり、叔父でもある私から、君にいくつかのアドバイスを贈っていきたいと思います。折に触れて読み返してくれると嬉しいです。

advice 02

「目の前の仕事」に真剣になりなさい。きっと、見えてくるものがある。

先日、君は、「この会社で本当によかったのか、と思うときがあるんです。もっと自分にあった場所があるのでは……」と漏らしていましたね。

どうも、まだ心が定まっていないようでした。

君は学生時代にプロのミュージシャンをめざして、バンドの活動に励んでいましたね。音楽について真剣に語る君のまっすぐな目をみて、「精一杯がんばれ」と思ったものです。

しかし、プロになるのは難しかった。それで、音楽の道をあきらめて、就職活動を始めることにしました。ところが、「やりたい仕事がみつからない」と、あまり身が入ってなかったようですね。当時、君のお父さんから、「このままでは、就職できないかもしれない」と心配する電話を何度かもらいましたよ。

それでも、君はなんとか食品会社への就職を決めました。第一志望ではなかったそうですが、この就職氷河期に、第二志望でも第三志望でも職に就くことができたのは幸運なことです。

とはいえ、君にとっては、仕方なく入った会社なのかもしれません。君の迷いもよくわかります。

私自身、「なんとしても、東レに入りたい」と思っていたわけではありません。母親から「世のため人のために尽くす人になりなさい」と言われて育ってきた影響もあったのでしょう、本当は国家公務員になりたかった。特に憧れたのは、通商産業省（通称、通産省。現・経済産業省）でした。ただ、学生時代に大学紛争があり、私ももっぱら議論に熱中したため、公務員試験の勉強に手が回らなかったのです。

あるいは、好きだった書籍にかかわる仕事がしたい、とも思っていました。ただ、なんとなく自分に向いていないような気がして、結局、入社試験は受けませんでした。

それで、いわゆる〝普通の会社〟に行くことにしました。銀行などいくつかの内定をいただきましたが、そのなかから選んだのが東レでした。繊維という具体的なモノを扱っているので、どんな仕事かイメージがしやすかったんですね。それに、ここなら自由にいろいろやれそうだ、と思った。言ってみれば、その程度の理由で会社を選んだのです。特に、この会社でやりたいことがあったわけでもありません。

私の周りには、官庁に入った友人や、マスコミ業界に入った友人もいましたから、「自分の選択が本当に正しかったのか」と、当時はたいへん気になったものです。

入社当時は、決して、褒められた社員ではありませんでした。同期や先輩とお酒を酌み交わすのが楽しくて、毎晩のように夜の街に繰り出していました。酒が過ぎた翌朝、起きることができずに遅刻したことも一度や二度ではありません。

仕事そのものも単調でした。私は常々、「会社とは雑用の固まり。仕事の8割は雑務だ」と言っていますが、新人がやる仕事は100%雑務です。すぐには、仕事の面白さはわかりませんでした。

それに、仕事を甘くみていた。自分の事務処理能力を過信していたんでしょう。凡ミスを連発しました。だから、しょっちゅう上司に怒られていたものです。

しかし、仕事を続けるうちに、だんだんその面白さがわかってきました。たとえ単調な仕事でも、「こうすれば、もっと効率的にできるのではないか?」「こうすれば、もっと質の高い仕事ができるのではないか?」と私なりに工夫をするようになり、それがうまくいったときの喜びを知ったのです。上司にも褒められるし、信頼されるようになる。そうすると、より重要な仕事を任せられるようになります。

こうして、目の前の仕事を一つひとつ、自分なりの工夫を加えながらやり続けるなかで私は成長していきました。その後、いくつも大きな仕事を手がけることができましたが、それは「目の前の仕事を一生懸命やる」ことの延長線上にあったのです。


だから、今となれば、憧れの仕事に就けたかどうかということは、自分の人生の価値や満足感にはあまり関係ないということがよくわかります。

そもそも、人が働く第一の理由は「生活のため」です。「給料をもらうため」に働くのです。1か月働けば、会社から働いた報酬として月給をもらいます。それで生活に必要な服や食料品を買い、家賃を払うのです。生きていくためには働いて給料をもらわなくてはならないのです。

その意味では、多くの場合、人は自分が憧れた仕事をしながらお金を稼ぐということにはなりません。むしろ、そのようなことは滅多《めった》にないと考えておいたほうがいい。それが、現実です。

世の中には、「食べるため」に仕事をすることを一段低くみる人もいます。たしかに、仕事には「食べるためだけ」以上の意味があり、もっと深い喜びを与えてくれるものです。しかし、それはあくまで、自分の稼ぎで生活できるようになった人にもたらされるものです。決して、「生活のために働く」ことを軽視してはなりません。

しかも、その会社がどんな会社なのか、その仕事がどんな仕事なのか、実際に働いてみなければ絶対にわかりませんよ。就職活動中にどんなに詳しく調べたとしても、実際に働いてみれば、思っていたのとは違うものです。

憧れていた仕事を実際にやってみると、実は自分には向いていなかったというケースもたくさん見てきました。逆に、仕方なく就いた仕事だったけれど、やってみたら面白かったということもあります。合うか合わないか、面白いか面白くないか、それは、やってみなければわからないのです。

実際のところ、私は会社なんてどこに行っても似たようなものだと思っています。どんな仕事にも面白いところもあれば、面白くないところもある。むしろ、どの仕事に就いたかということよりも、仕事にどう向き合うかのほうが大事なのです。

「やりたいことが見つからない」「本当にこの仕事でいいんだろうか？」と悩んでいても一歩も先には進めません。まずは、「食べるため」に懸命に働いてみることです。

遼君、どういう経緯であっても、その会社に入ることを決めたのは君自身です。それを運命だと思って、とにかく「目の前の仕事」に真剣に取り組んでみなさい。きっと、見えてくるものがあるはずです。

advice 03

欲をもちなさい。欲が磨かれて志になる。

最近の若者は「欲がない」と聞きます。

それが本当かどうか、私にはわかりません。しかし、たしかに君も「特に出世したいとは思わない」「お金もほどほど稼げればいい」と欲のないことを言っていましたね。

「欲」と言うと、何かよくないもののように聞こえるかもしれません。しかし、欲は人が生きていく原動力になるものです。欲があるから、懸命に働き、懸命に勉強もするのです。

仕事をする過程では、つらいことや苦しいことがあります。私も若いころは、ずいぶんハードワークをしたものです。土日もなく、起きている時間はすべて仕事という時期を過ごしたこともあります。そういう時期があったからこそ、私は仕事の面白さを知り、一人前のビジネスマンになることができたのです。そして、つらいことがあっても「なにくそ」と立ち向かっていくことができたのは、欲があったからです。

私は、がんばって仕事をしてリッチな生活がしたいと思っていましたし、「あいつは、できる奴だ」と言われたかった。人に使われるのではなく、早く人の上に立って大きな仕事ができるようになりたかった。出世もしたかった。さすがに「社長になる」とまでは思いませんでしたが、その近くまでは行きたいと思っていましたよ。だから、努力したのです。

ただ、若いころの欲というのは自分本位になりがちです。自分が出世するため、自分が多くの給料をもらうため、自分が手柄をたてるため……、という具合です。そして、自分本位であるがゆえに、必ず壁にぶつかることになります。

私が、そのことを痛切に学んだエピソードを教えましょう。

あれは、私が30代前半のことです。東レの関係会社である一村産業が経営破綻《はたん》しました。もし倒産ということになれば、東レは数百億円の損失をかぶることになります。そこで、東レは、再建支援のために、私を含む社員12人を派遣したのです。

その会社は本当にひどい経営状況でした。そのため、やるべきことは山積していました。含み損の調査や再建計画の立案、管理制度の整備……。しかも、今にも潰《つぶ》れそうなわけですから、一刻の猶予もありません。激務の毎日でした。

私はその会社に約3年半いましたが、ひとつ気になることがありました。その会社に送り込まれた社員は、東レでももっとも仕事ができる精鋭でした。しかし、約半分の人たちはうまく仕事をすることができなかったのです。なぜだろう？　私はじっと観察しました。そして、その根本的な原因がわかったのです。

派遣された社員は大きく2つに分けることができました。「ここで功を挙げて、東レで処遇されよう」というスタンスの人と、「この会社をよくするために、社員をどう導いていったらいいか」を第一に考えている人です。そして、仕事がうまくいったのは後者の人でした。

破綻企業の社員の立場になってみてください。彼らにすれば、東レから派遣された社員はリストラの急先鋒にみえますよ。当然、警戒もするし、防衛本能も働く。「ここで功を挙げよう」という人物を受け入れようとするはずがないのです。

もう、わかりますよね？　「ここで功を挙げよう」というのは自分本位な欲です。だから、壁にぶつかったのです。では、「この会社をよくしたい」という気持ちは何でしょうか？　志です。

志とは、多くの人が共有できる強い願望だと思います。その志を実現するために、周りの人が協力しよう、力を貸そうと思えるものです。だからこそ、困難な仕事、大きな仕事もできるようになるのです。

実際、志のある東レと一村産業の社員が一丸となって努力した結果、10年の歳月はかかりましたが、一村産業は見事に立ち直ったのです。

しかしね、遼君、はじめから志をもつことができる人など、ほとんどいないと思いますよ。頭ではわかっても、なかなかできるものではない。人は誰だって、自分本位な欲をもって生まれてくるのです。

子どもをみてごらんなさい。友だちがもっているおもちゃがほしいと思ったら力づくで取り上げようとしますよね？　それで喧嘩になって痛い目にあう。そんな経験を繰り返して、ようやく「遊び終わったら、おもちゃを貸して」という言葉が言えるようになり、一歩ずつ成長していくのです。

大人になってからもそうです。壁にぶつかって、なぜ、仕事がうまくいかないのか、と自問自答しながら、自分本位な欲を乗り越えていくのです。

私もそうでした。

課長になったばかりのころは、自分のスキルを高め、部下にそれを叩き込むことばかり考えていました。早く帰宅して家族の世話をしなければならなかったので、業務の効率化を進めなければならないという事情もありましたが、そこに、早く課長として結果を出したいという欲がなかったといえば嘘になります。

しかし、なかなか思うように部下は動いてくれませんでした。私も壁にぶつかったのです。そして、悩んだ末に、部下の成長を心底願う気持ち（志）がなければ、部下は決して本当の意味で味方になってくれないのだということを骨身に沁みて学んだのです。

いい仕事をし、いい人生を送るためにもっとも大切なのは志です。しかし、それは、壁にぶつかって、痛い目にあいながらつかみ取っていくものです。

欲がなければ、壁にぶつかることもありません。欲があるから、やりたいことがあるから、人は思いっきり壁にぶつかることができるのです。つまり、欲が磨かれて志になるのです。

たしかに、欲をもたなければ穏やかな人生を送ることができるかもしれません。欲を満たすために努力する必要もありませんし、欲が満たされないために傷つくこともないからです。しかし、それでは、本物の志はもつことはできないでしょう。

だから、遼君、君にも欲をもってほしい。

それが君を磨く原動力になってくれるのです。

advice
04

「それでもなお」という言葉が、君を磨き上げてくれる。

人は何のために働くのか——。

君は考えたことがあるでしょうか？

働き始めたばかりの君に、こんな質問をするのは、まだ早いかもしれません。しかし、これからの長い人生を正しい心で生きていくために、この時点でじっくり考えてみることは意義あることです。

私がこのことについて考えるようになったのは30代のころでした。それ以来、ずっと考え続けてきました。そして、会社を去る年齢になった今、「人は、人間として成長するために働くのだ」としみじみ感じています。

20代のころ、私は、仕事を覚えるために、早く一人前になるために、無我夢中で働いていました。「生活のため」に働いていたと言ってもいいでしょう。

30歳を過ぎると、会社生活に慣れるとともに、ビジネスマンとしても認められるようになりました。大きな仕事にもチャレンジできるようになり、仕事に対する満足感が高まっていった時期です。

40代になって、課長として現場を取り仕切る立場になると、仕事が面白くてならなくなりました。それまでに身に付けた力をいかして、さまざまな困難な事業を成し遂げていくことができたのです。

この私の成長過程は、そのまま「マズローの欲求5段階説」にあてはまるかもしれません。マズローは人間の欲求を、「①生理的欲求」→「②安全の欲求」→「③所属と愛の欲求」→「④承認の欲求」→「⑤自己実現の欲求」という5段階の階層で理論化しました。そして、「人間は、自己実現に向かって絶えず成長する生き物である」と仮定したのです。

私は、20～30代を通じて、①から④までの欲求段階を上り、40代に入って、自分のもつ能力を最大限に発揮し具体化したいという「自己実現の欲求」の段階に入ったのです。そして、当時、私は、この「自己実現」のためにこそ働くのだ、と確信していたものです。

50代に入っても、さらに自己実現を果たそうと努力しましたが、同時に、「本当にそれだけだろうか？」という微かな疑問も生まれました。「人は生活のために働く段階を過ぎ、自分の仕事が認められ、生き甲斐を感じられればそれでいいのだろうか？　もっと大切なことがあるのではないか？」と考えるようになったのです。

仕事とは、人にまみれてするものです。上司、部下、取引先、お客さま……。そこには、実にさまざまな人がいます。人格者もいれば、わがままな人もいる。強い人もいれば、弱い人もいる。仕事のできる人もいれば、できない人もいる。好きな人もいれば、嫌いな人もいる。そして、私たちは、一緒に仕事をする相手を、基本的に選ぶことはできないのです。

そうした人間の渦のなかで、私たちは、一つひとつの仕事をやり遂げていかなければなりません。必ずしも自分が思うように事が進むわけではありません。最善を尽くしても力が及ばないこともあれば、理不尽な非難の矢面に立たされることもあります。ときに深く傷つき、疲れ果てます。そんなとき、誰しも、嫉妬《しっと》、嘘、悪口、支配欲など「負」の感情に飲み込まれてしまいそうになることがあります。人によっては、どっぷり浸《つ》かってしまうこともあるでしょう。私も、何度も「負」の感情にとらわれそうになりました。人間とは弱い生き物だとつくづく思います。

そんなときに、私がいつも思い起こすのが、ガンジーやマザー・テレサのような人物です。彼らも、人の子です。きっと、「負」の感情にとらわれそうになったことがあるはずです。しかし、自分を磨き上げ、物欲や支配欲、嫉妬、悪口から離れ、すべての人を愛する境地にたつことができたのです。彼らのことを思うと、自分ももっと強くなれると勇気付けられたものです。

そして、私なりに、「負」の感情を克服しようと努力しました。心を穏やかに、相手のことを好きになろうとしました。もちろん、私など、ガンジーやマザー・テレサのような聖人君子のレベルに到達することはできないかもしれません。私にとっては、まるで神さまのような方です。しかし、少なくとも、彼らを目標として生きていくことはできます。自分を磨き続けることはできるのです。これこそ、人としてもっとも根源的な志ではないでしょうか？　そして、人は皆等しく、「そういう境地に上っていきたい」「そういう人間になりたい」という欲求をもっていると信じています。君にも、この欲求に素直に従ってほしい。

そうして日々努力していれば、だんだんと人間として高みに上っていくことができるでしょう。そして、人に慕われ、尊敬される存在になることができるのだと思います。この喜びは、自己実現よりもずっと深いものです。

ここで、君に贈りたい言葉があります。

それは、「それでもなお」という言葉です。

この言葉に出会ったのは数年前のことです。『それでもなお、人を愛しなさい――人生の意味を見つけるための逆説の10ヵ条』（ケント・M・キース著、早川書房）という本を読んだのです。このときも、強い感銘を受けたのですが、最近、偶然にもこの本と再会する機会に恵まれました。本書の改訂版を出すにあたって、解説文の執筆を依頼されたのです。そして、丁寧に読み直してみて、私は改めて心を打たれました。長いビジネスマン人生を振り返りながら、淡い後悔の気持ちと強い確信をもって、これらの言葉を受け止めたのです。まずは、読んでみてください。

1　人は不合理で、わからず屋で、わがままな存在だ。それでもなお、人を愛しなさい。
2　何か良いことをすれば、隠された利己的な動機があるはずだと人に責められるだろう。それでもなお、良いことをしなさい。
3　成功すれば、嘘の友達と本物の敵を得ることになる。それでもなお、成功をしなさい。

4　今日の善行は明日になれば忘れられてしまうだろう。それでもなお、良いことをしなさい。

5　正直で素直なあり方はあなたを無防備にするだろう。それでもなお、正直で素直なあなたでいなさい。

6　最大の考えをもった、もっとも大きな男女は、最小の心をもった、もっとも小さな男女によって打ち落とされるかもしれない。それでもなお、大きな考えをもちなさい。

7　人は弱者をひいきにはするが、勝者の後にしかついていかない。それでもなお、弱者のために戦いなさい。

8　何年もかけて築いたものが一夜にして崩れ去るかもしれない。それでもなお、築き上げなさい。

9　人が本当に助けを必要としていても、実際に助けの手を差し伸べると攻撃されるかもしれない。それでもなお、人を助けなさい。

10　世界のために最善を尽くしても、その見返りにひどい仕打ちをうけるかもしれ

ない。それでもなお、世界のために最善を尽くしなさい。

どうですか？

君もこれまでの経験から、納得するところがあるのではないでしょうか？　たしかに、現実社会において、「人は不合理で、わからず屋で、わがままな存在」です。「何か良いことをすれば、隠された利己的な動機があるはずだと人に責められる」「弱者をひいきにはするが、勝者の後にしかついていかない」。これも、現実です。

しかし、ケント・M・キースという人は、「それでもなお」と、さらにもう一歩、踏み出していくのです。

私は、これこそ「自分を磨く」ための言葉だと思います。

何も難しく考えることはありません。

朝、出社して君が元気に「おはようございます！」と挨拶をしても、ブスッとして挨拶を返さない人がいるでしょう？　面白くないですね。それでもなお、次の朝になれば、元気に挨拶をするのです。

あるいは、懸命に取り組んだ仕事が失敗したとします。上司は、君の努力をわかろうともせず叱責《しっせき》するかもしれません。傷つきますね。それでもなお、次の仕事に懸命に取り組むのです。

このように、日常の仕事のなかで「それでもなお」を積み重ねることで、私たちは人間として成長していくことができます。きっと、ガンジーやマザー・テレサも、そうだったのだと思います。

私は、もっと若いときに、この言葉を知っておきたかった。だからこそ、心を込めて、君にこの言葉を贈りたいのです。

advice 05

君は人生の主人公だ。何ものにもその座を譲ってはならない。

君は、自分がどういう人間で、どんな信条をもっているのか、心の底から語ることができますか？　それは、いわば人生観です。これからの人生を生きていくにあたっての指針であり、座標軸となるものです。

しっかりした人生観をもつか、もたないかで、君の人生には大きな差が生まれます。もちろん、20代の君の人生観は未熟なものかもしれません。これから、その人生観を揺るがすような出来事がたくさん起きるでしょう。しかし、そういう経験を重ねながら、何度も何度も練り直すことによって、君の人生観は本物になっていくのです。

ただ、いきなり「人生観をもて」と言われても戸惑うでしょう。そこで、お勧めしたいのが、これまで君が生きてきたなかで知り合った人々の棚卸しです。

両親、兄弟、親戚、学校の先生、友人、先輩、近所の人などたくさんの人と出会ってきたはずです。その人たちが君にどのような「糧」を与えてくれたのかを書き出してみるのです。あるいは、その人たちの言動で感動した思い出を綴ってみてください。

実在する人でなくても構いません。これまでに接してきた本や映画の作者や登場人物でもいいでしょう。この作業のなかで、今の自分を形づくっている「核」のようなものが浮かび上がってくるはずです。

私の場合、最大の「糧」を与えてくれたのは母親です。

母は18歳でお嫁に来て4人の男の子をもうけ、26歳で未亡人になりました。私たちを育てるために、叔父が経営する卸商の店で朝早くから夜遅くまで毎日、一生懸命働いていました。休日といえば、お正月とお盆くらいのもの。まさに、働きづめでした。しかも、家事や子育てもひとりでしていたのですから、つらかったに違いありません。

しかし、グチひとついわず、いつもニコニコ笑顔を絶やさない人でした。そして、何かつらいことがあったときには、「運命は引き受けよう」と言って微笑むのでした。この母の生き方は、私に決定的な影響を与えています。

そのほかにも多くのことを学びました。彼女はいつも、「世のため人のために尽くす人になりなさい」「人を傷つけてはいけません」「嘘をついてはいけません」「間違ったと思ったら勇気をもってごめんなさいと言いなさい」と教え続けたのです。

しかも、母はその教えを自らの言動でも貫きとおしました。その姿を間近にみて育った私にとって、それらの言葉は人生観そのものです。

この人生観があったからこそ、私はここまで生きてくることができたのです。私も、腹が立ったときには、相手を傷つけたいと思ったことがありますし、実際に傷つけてしまったこともあります。しかし、「人を傷つけてはいけません」という教えが心のど真ん中にありましたから、思いとどまったり、後で深く反省することができました。そのため、他人との関係を決定的に悪化させることなく生きることができたのです。

君にも、私の母に当たるような人物がいるはずです。その人を探し当てて、その人が与えてくれた「糧」をもとに、できるだけ早く人生観を確立してください。

もうひとつお勧めしたいのが、人生設計をできるだけ具体的にイメージすることです。

何歳くらいまでに今の仕事をマスターするのか。その次にはどんな仕事に挑戦するのか。30歳、40歳、50歳のときには、どんな仕事をしていたいのか。いつごろ結婚し、何人の子どもをもつのか。家は買うのか、買わないのか。買うとしたらいつごろ買うのか。休日は何をして過ごすのか。どんな趣味を追求していくのか。奥さんとはどんな関係を築いていきたいのか。定年後はどんなふうに過ごしたいのか――。

考えるべきことは山のようにあります。もちろん、20代で考えた人生設計が、思ったとおりになることはありません。それでも、この作業には大きな意味があります。なぜなら、「自分は何を大事にして生きていきたいのか」「自分はこの人生で何がしたいのか」を自らに問いかけることにほかならないからです。

君が大切にしたいものは何ですか？　仕事、家族、趣味、お金、遊び……。いろいろあるでしょう。そのなかでいちばん大切にしたいものは何ですか？　見つかったならば、それを中心にすえた人生を送るために、どうすればいいのかを考えてください。

注意してほしいのは、仕事の位置付けです。仕事というものがもっている力は極めて強いものがあります。下手をすると、君の人生を飲み込んでしまいかねないのです。

〝仕事人間〟の悲劇を描いた『熟年離婚』（テレビ朝日、２００５年放送）というドラマの話をしましょう。渡哲也さんが定年を迎えた夫、松坂慶子さんがその妻という配役でした。

定年となり会社で最後の日を迎えた夫は、その帰り道で妻への感謝のプレゼントを買い、ふたりで行く海外旅行のチケットをもって家路につきました。

今までは、仕事一辺倒の生活で、自分の子どもの出産にさえ立ち会うことなく、家族との交流も少なく、家事のすべてを妻に負担させていました。彼は妻を愛していました。しかし、常に仕事を最優先にするクセをつけてしまったのです。そして、定年を迎えて、「やっと仕事から解放された。これからは妻とふたり仲良く楽しい老後を過ごそう」と考えたわけです。

妻は結婚以来、仕事一筋の夫のおかげで出産、育児、家事などをすべてひとりでこなしてきました。まともなコミュニケーションすらできませんでしたから、夫との距離は広がるばかりでした。そして、ついに彼女は離婚を決意します。それも定年退職のその日に。プレゼントをもって帰った夫の前に差し出されたのは離婚届だったのです。ドラマですので、それなりにコミカルに仕上がっていますが、なんとも笑えないブラックジョークの趣があります。

私は、彼の悲劇の原因は、自分の人生について真剣に考えてこなかったことにあると思います。自分にとって「本当に大切なもの」が見えていなかったのです。その結果、彼は仕事に人生を乗っ取られてしまったのです。

日本の多くの企業では、いまだに長時間労働が常態化しています。もちろん、仕事は厳しいものです。お客さまに喜んでいただかなければなりません。利益も確保しなければなりません。ですから、会社の業績が悪いときや、勝負どきなど、寝食を忘れて働かなければならないときはあります。むしろ、私は若いうちにそのような修羅場をたくさん経験したほうがいいと思っています。

しかし、私に言わせれば、日本の長時間労働は、単に惰性でダラダラ働いているだけというケースが大半です。本当は「家族」や「趣味」も大事にしたいと思っているのに、仕事だけで疲れ果ててしまっている。これは、悲劇ですよ。

君も無防備に働き始めれば、その渦に巻き込まれてしまうでしょう。しかも、若いうちに身に付けてしまった働き方を、歳をとってから変えるのは至難の業です。

だから、できるだけ若いうちに自分にとって大切なものを見極めて、そのために仕事をコントロールする意思を固めてください。その意思さえしっかりしていれば、仕事を効率化するノウハウなどいくらでもあります。

私は、「ワーク・ライフ・バランス」の推進者です。

しかし、実はこの言葉があまり好きではありません。「ワーク」と「ライフ」を「バランスさせる」という発想では足りないからです。

必要なのは、マネジメントの発想です。

自分が望む人生を送るために、生活と仕事をどのようにコントロールしていくのかが問われているのです。

だから、私は「ワーク・ライフ・マネジメント」という言葉のほうが適切だと思っています。

そして、いいマネジメントをしようと思えば、まず何よりも、自分の人生にとって「何が大事なのか」を明確にすることです。

遼君、君は人生の主人公です。
決して、君以外のものにその座を譲り渡してはなりません。

第2章

成長角度を最大化する

Words of advice
for young business people

advice
06

3年でものごとが見えてくる、30歳で立つ、35歳で勝負は決まり。

若い君は、今人生でもっとも成長速度の速い時期を生きています。

この歳になってしみじみ思うのですが、年齢を重ねるとともに時間が流れるスピードはどんどん速くなります。20代のころはじっくり時が流れていましたが、30代になると時間の流れが少し速くなり、40～50代はあっという間に過ぎ去ります。

そして、時間のゆっくり流れる20代こそ、人生や仕事について学ぶ量がもっとも多い時期です。若いからこそ、やる仕事、出会う人、読む本、そして失敗や成功の一つひとつが新鮮で、君の心にさまざまなことを刻み付けてくれます。それらが、人間として成長していく糧となるのです。

君も二十数年間の人生のなかでいろいろなことを学んできたはずですが、実際に社会に出て、自分の力で生きていくのは初めてです。社会の成り立ちや矛盾などについては、あまり理解していないと言っていいでしょう。

ですから、最初の3年間は、あれこれ考えすぎずに、とにかく指示されたこと、教えられたことを愚直に遂行することです。そして、何事に対しても素直に学ぶ姿勢で、一日一日を大事に生きてください。

ただ、クソ真面目に生きていてもダメです。私は入社当時はしょっちゅう会社の人とお酒を飲みにいったものですが、そういう経験が勉強になった面もあります。ほかの部署に配属になった同期から、その部署がどんな仕事をしているのかを聞けたし、先輩や上司からは、いろいろな経験や教訓を学ぶことができました。自分の仕事以外の情報をたくさん得ることで、視野がずいぶんと広がったものです。特に目上の人は、誰しも「仕事とは……」と日ごろ、胸に秘めている思いを誰かに伝えたいと思っているものです。そんな話に耳を傾ける君に好感を抱いてくれるはずです。

近年、若い人が会社の人とあまり飲みにいかなくなったと聞きますが、とても残念な気がします。たしかに、そういう付き合いはわずらわしい面もありますが、得るものもたくさんあります。たまには先輩や上司にくっついて飲みに行ってみなさい。いいものですよ。

会社に入って3年もたてば、会社の仕組み、仕事のやり方、人間関係などがわかってきます。この段階をクリアすれば、少しずつ重要な仕事を任せられるようになり、30歳にもなれば相当大きな仕事ができるようになります。そして、35歳になったら、心がけ次第で、部長クラスの仕事もできるようになるはずです。

しかし、日本社会は経験を重視しますし、なんといっても年功序列的ですから、実際に部長になるには一定期間待たなくてはなりません。その間に、さまざまな経験をし、そのなかから自分が培ったものを再確認しつつ、人間の幅を広げていくことになります。

ですから、35歳の時点で昇進・昇格にそれほどの差がつくことはありません。しかし、それは外形上のことです。言いすぎかもしれませんが、その人の立ち位置は35歳でほぼ決まっているのです。

35歳にもなると、その人の「人生観」「仕事のやり方」「コミュニケーションの仕方」などの方向性が固まってきます。その人が一生かけて到達する地点は、その方向性の延長線上にあると言っていいでしょう。

私は、これをその人の「成長角度」と呼んでいます。この「成長角度」の高い人が、低い人に追い抜かれることはまずありません。

成長角度は、その人のもつ志によって決まります。高い志をもった人に、志をもたない人は敵《かな》いません。高い志をもって、最短距離で高い品質の仕事をこなす力を身に付けた人に、ダラダラ仕事をしてきた人が勝つことはできないのです。

だから、私はいつも若い部下に、

「3年でものごとが見えてくる、30歳で立つ、35歳で勝負は決まり」

と言い続けてきました。

君にもそうした志をもって、成長角度をできる限り上げるように努力してほしい。その最大のチャンスは20~30代前半です。この時期をどう過ごすかで、君の仕事人生はおおかた決まるのです。

ただ、まれではありますが、なかには40代後半からじっくり伸びてくる人がいるのも事実です。

才能ある人は、若いころから目立つし成長も早い。一方、それほど目立たなくても、多少不器用でも、ゆっくり持続的に成長していく人がいるのです。

どういう人か?

謙虚な人であったり、人を公平に扱う人だったりしますが、彼らに共通する点をひとつ挙げるとすれば、それは「ひたむきさ」です。

普通の人は40歳を過ぎると、努力をしなくなり、「それなり」にとどまるようになるのですが、彼らは努力することをやめません。何歳になっても若いころと同じように、仕事や人生にひたむきに取り組むのです。

こういう人は強い。逆境にあっても、冷や飯を食わされても、へこたれずにがんばり続ける。そして、一歩一歩、歩み続けて、気が付いたらとんでもない高みに到達しているのです。

だから、もしも、君がなかなか力を発揮できなかったとしても、あきらめないでほしい。

焦らず、一歩ずつ、ひたむきに歩んでいってください。

advice
07

ピュアなイノベーションより、優れたイミテーションを。

遼君、どうだい？　仕事は面白いかね？

食品会社の営業マンとして、スーパーや食品店を回り始めて、もう3か月くらいたったのかな？　思うようにいかなくて苦労しているかもしれませんね。

私も、営業経験があるからわかります。

初めは、いくらお客さまに頭を下げても、簡単には買っていただけません。夏の暑い野球場でビールを売れば飛ぶように売れるかもしれませんが、スーパーの担当者は〝喉が渇いている〟わけではありません。その商品の特性や可能性を冷徹に評価します。彼らは、どの商品を仕入れるかが大きな勝負なのですから、その目はシビアですよ。

競争も熾烈《しれつ》です。他社の担当者や君の先輩が、少しでも多く売るために知恵を絞り、闘い続けているところに、新参者の君は何ももたずに飛び出していったようなものです。君のちょっとした工夫などで勝てるような甘い世界ではありません。

だからといって、落ち込む必要はありません。初めからうまくいかなくて当たり前。下手にうまくいくほうが、よほど危ないですよ。むしろ、自分の無力さを骨身に沁みて感じたほうが、君の成長にはプラスになるでしょう。

ただ、仕事がうまくいかないからといって、「能力がない」と考えるのは間違いです。うまくいかないのは、「能力」ではなくて「仕事のやり方」の問題だからです。

何事にも、勝利の方程式というものがあります。

ひとつエピソードを紹介しましょう。

私は、大学時代に数学の苦手な高校2年生の家庭教師を頼まれたことがあります。テストではいつも5〜10点。クラスでもどん尻でした。そこで、その子の実力を評価したうえで、私は中学1年生から3年生までの教科書をもう一度やり直させることにしました。

そして、「数学の問題には答えに至るパターンがある。数学は、そのパターンを覚える暗記科目である」と教えて、そのパターンを繰り返し暗記させました。中学の教科書を3か月で終え、次に高校1年生の教科書を2か月かけて復習したのですが、このころには彼は数学の問題を解く面白さにはまっていました。

「パターンを覚える」という「勝利の方程式」の威力は絶大でした。高校2年生の3学期には、数学でクラスのトップに躍り出ることに成功したのです。

これが彼の自信につながり、ほかの科目の成績も伸び始め、あれよあれよという間に慶応大学にストレートで合格してしまいました。本人も家族も思ってもみなかったことなので、その喜びようといったらなかったですよ。

彼の数学の成績が悪かったのは、数学の能力がなかったからではありません。勉強の仕方が悪かったのです。教え方が悪かったのです。

会社の仕事も同じです。

仕事ができるかできないかは、「能力の差」よりも「仕事のやり方」（＝勝利の方程式）の差が大きい。正しい仕事のやり方を身に付ければ、少しくらいの能力の差は克服することができるのです。

では、「仕事のやり方」はどうやって学べばいいのでしょうか？

簡単です。他人の優れたところを真似ればいいのです。

君の周囲を見回してごらんなさい。上司や先輩のなかに「すぐれ者」がいるでしょう。職場の人だけではありません。君の会社のトップ、他部署の人、お客さま、仕入先などのなかには、皆から親しまれ、尊敬される人が何人かいるはずです。そういう人を見つけ出しなさい。そして、その人の行動に注目するのです。

その人が何時に出社するのか、どんな話し方をしているのか、どんなふうに電話をしているのか……。ぼんやり見ていてもダメですよ。しっかりと目を見開いて、研究するつもりで観察しなさい。些細なことを見逃してはいけません。神は細部に宿るといいますね。その人たちの行動の細部にこそ、大事な秘密が隠れているものです。

たとえば、「できる先輩」が、取引先へのアポを確認するメールをＣＣメールで君にも送ってくれたとします。

用件を確認するのは当たり前ですが、そのときに、どんな書き方をしているか、アポの何日前のメールなのか、署名の部分はどうなっているのか、などを確認してみるのです。できる人は、その一つひとつに気配りがあります。工夫をしているのです。

おそらくできる人であれば、相手の人が「読みたくない」と思うような、ダラダラとした長いメールは書かないでしょうね。用件は箇条書きで、簡潔にまとめているはずです。アポの確認ですから、おそらく発信したのは前日でしょう。早すぎてもいけませんし、直前でもいけません。メールひとつからも、多くのことが学べるのです。

真似る対象となる人を決めて、その人の行動を2週間ほど研究すれば、なぜその人が優れているのかだいたいわかるようになります。

大事なことは、その人から学んだことを、すぐに実行することです。そのまま同じことをやればいいわけではありません。自分流に応用してみるのです。

「なるほど」と思うだけでは何の意味もありません。「わかること」と「できること」はまったく別のことです。実際にやってみると、自分にはあっていないこともあるでしょう。あるいは、さらなる工夫を思いつくこともあるでしょう。いろいろやってみて試行錯誤を繰り返しながら、少しずつ自分なりの「仕事のやり方」をつくり上げていくのです。

私は常々、「プアなイノベーションより、優れたイミテーションを」と言っています。一般的な会社の仕事は同じことの繰り返しであり、自分の出す知恵などたかが知れているものです。

だから、優れた仕事をしている先輩のやり方をどんどん真似ることです。ときには、「お前、あの人にしゃべり方が似てきたな」とからかわれることもあるかもしれません。しかし、そんなことに構う必要はありません。

自分の「オリジナル」などにこだわるのは愚かなことです。プアなイノベーションのためにムダな寄り道をするのは賢明ではありません。むしろ、優れたイミテーションを積み重ねた先に優れたイノベーション、すなわち、君独自の「やり方」が生まれてくるのです。

凡を極めて、非凡に至る——。

これこそ、君が成長する秘訣です。

advice 08

仕事で大切なことは、すべて幼いときに学んでいる。

君は、社会のなかで仕事をするうえでもっとも重要なことは何だと思いますか？

いきなり、こんな質問をすると「そんなこと言われても」と思うかもしれませんが、それは、人として守らなければならない基本的なことをきちんとやることです。そして、君は、そのことを幼いときに教わっています。

たとえば、

「人に会ったら挨拶しなさい」

「何かをしてもらったらお礼を言いなさい」

「仲間はずれをしてはいけません」

「嘘をついてはいけません」

「間違ったことをしたら、勇気をもってごめんなさいと言いなさい」

といったことです。

当たり前のことですよね？

私は、このような「人として守らなくてはならないことをきちんとすること」を、象徴的に「礼儀正さ」と言っています。

ところが、これをきちんとできる社会人は、実はあまりいません。

だから、仕事がうまくいかないのです。

仕事はひとりでするものではありません。常に誰かと共同で行うものです。上司や同僚、社内の関係部署、お客さまに仕入先。そうした多くの人々とコミュニケーションをしながら、一緒につくり上げていくのです。

ところが、当たり前の礼儀を怠るがために、相手が気分を害して、つまらないことでトラブルになります。その結果、余計な仕事を増やす。ムダな時間を費やし、しかも、仕事の質も悪くなる。何もいいことはありません。

逆に、常に礼儀を尽くして仕事をしていれば、相手にも大切にされます。日々の仕事もスムースに進みます。ときには、適切な人を紹介してくれたり、耳よりな話があれば教えてくれるでしょう。君が何かミスをしても、「そんなに気にしなくていいよ」と気持ちよく手を差し伸べてくれるでしょう。

だから、「礼儀正しさは最大の攻撃力」なのです。

ただ、注意してほしいことがあります。「礼儀正しさ」の本質を知らないと、「形だけ」のものになってしまいがちです。

たとえば、「敬語は完璧だけど、どこか無礼な人」っていますよね？　もちろん、きちんとした敬語を話すのは社会人としての基本です。しかし、行動が伴わなければ「慇懃無礼《いんぎんぶれい》」と受け止められてしまい、かえって失礼に当たるものです。

それでは、礼儀正しさの本質とは何でしょうか？

私は、「相手を尊重する」ことだと思います。

きちんとした挨拶をするのは、相手に敬意を表すためです。誰かを仲間はずれにするということは、その人を尊重しないということです。嘘は、相手の誠意を尊重しないこと。そして、間違ったことをしても謝らない人は、自分を守りたい人です。つまり、相手より自分を大事にしているのです。

この「相手を尊重する」という気持ちをもたないまま、形だけの挨拶、お礼をしていても、いずれ化けの皮がはがれます。いくら完璧な敬語を使っていても、実際に相手を尊重する行動をとっていなければ、相手には通じないのです。

服装ひとつとってもそうです。

誰かと会うときには、きちんとした服装にしなさい。何もファッショナブルな服を着る必要はありません。それは、自分を着飾りたいだけです。いわば自己顕示欲です。プライベートでおしゃれを追求するのは結構なことですが、仕事でそれを求めるのは筋違いです。

まず、何よりも清潔であること。これは、相手に対する最低限の敬意です。また、相手の価値観を尊重することも大切です。最近は、ネクタイをつけないスタイルも一般的になってきましたが、年配の方のなかには律儀にネクタイをつける人もいらっしゃいます。そうした方に会うときには、ネクタイをつけることで敬意を伝えることができるでしょう。自分の嗜好よりも、相手の嗜好を尊重するのです。

時間を守ることも、相手を尊重することにほかなりません。

時間厳守はビジネスマンの鉄則です。これを破る人は、どんなに能力があったとしても、絶対に一人前とはいえません。

人にとって時間は、もっとも貴重な財産です。

一日24時間。すべての人が同じ条件のもとで生きています。限られた時間のなかで最大の成果を生み出すために、皆懸命に働いているのです。そして、過ぎ去った時間は二度と戻ってきません。どんなにお金を積んでも、ムダに費やした時間を取り戻すことはできないのです。

つまり、遅刻をするということは、相手の人生のかけがえのない時間を奪っていることにほかならないのです。時間を守らない時点で、いちばん大切な礼節を欠いているのです。

誰も、自分の人生を傷つける人など大事にはしません。

人は、自分を大事にしてくれる人を大事にするのです。

君が自分を大切にしたければ、まず相手を尊重すること――。

これこそ「人生の原理」なのです。

advice 09

よい習慣は、才能を超える。

遼君、君は何時に起床していますか？

何時に出社していますか？

まさか、出勤中に遅刻するかもしれないからと、走っているなんてことはないでしょうね？

そんなことでは、いい仕事はできません。いい仕事をしたければ、何事も「一歩先の行動」をとることです。


まず、早く起きること。

はじめはしんどいかもしれませんが、慣れればどうってことはありません。

私は昔から早寝早起きのほうでしたが、妻が病に倒れたときにこの習慣がほぼ確定しました。なにしろ、子ども3人の世話を私ひとりですべて担わなければならなかったのですから……。

起床は早朝5時半。3人の子どもたちの朝食と弁当の用意をする毎日でした。まるで、戦場のようでしたよ。ところが、これが私に多くのメリットをもたらしてくれました。だから、妻がよくなってからも、このリズムを変えていません。

今は、目覚めるとまず体操します。ベランダに出て、ゆったりした気持ちで体を動かすと気持ちいいですよ。7時前には家を出ます。電車は空《す》いているので座ることができます。新聞を読んだり、ちょっとした仕事もできます。そして、必ず手帳を開いて、今月、今週、今日のスケジュールを確認したうえで、その日にやるべきことを書き出します。会社に着いたら、すぐに仕事に取りかかれるように戦闘体勢を整えるのです。

会社にはだいたい8時に着きます。9時過ぎまではゴールデンタイムですね。誰からも電話がかかってきませんし、誰からも話しかけられません。この間は、中断されることなく仕事に没頭することができるので、実に能率がいい。

連絡が必要な相手には、だいたい9時からの30分間に集中的に電話をします。相手の職種や地位にもよりますが、この時間帯がもっとも相手を捕まえやすいからです。その時間を過ぎると、会議や営業のために席をはずしてしまいますからね。

こうして、同僚が出社してくるころには、一仕事も二仕事も済んでいるのです。しかも、エンジン全開です。

確実に、ライバルに先んじることができます。

会議も同じです。

必ず開始時間の10分前には席に着くようにしています。

会議に出るために席を立とうとしたときに限って、電話がかかってきたりするものです。ギリギリの時間だと、そのために遅れることもあります。あるいは、会議室についてから書類を忘れたことに気付いて、取りに戻らなければならないこともあるでしょう。

また、早く会議室に着けば、いちばんいい席に座ることもできますし、当日に配布される資料に事前に目を通すこともできます。出席メンバーを確認することで、その会議がどんな議論になるかシミュレーションすることもできる。自分が何を言うか予め考えておけば、効果的な発言をすることができるでしょう。

それから、会議のメモは、終わってから書くのではありませんよ。会議中に書くのです。もちろん、完成させることはできないでしょうが、あらかた書いておけば、自席に戻ってから少し手を加えれば上司や部下に報告できる水準のものになるはずです。

ちなみに、上司への報告も「一歩先」が大切です。

上司に、「あの件はどうなった?」と聞かれるようではいけません。その時点ですでに「報告が遅い」とイライラしているのです。ときには、「いつまでかかってるんだ?」と責められるかもしれません。

そうなると、君はそのときに取りかかっている仕事を中断して、そのリポートをやらなければならなくなります。

これでは、仕事になりません。

時間厳守の重要性については、前にも書きましたね。

お客さまと待ち合わせをしたときには、必ず10分前にその場にいるようにしなさい。私は、重要な人との待ち合わせや社外での会議の場合には、もっと早く15分前には着くようにしていました。

それには、余裕をもって出発することです。

天候などの影響もあって、電車や飛行機は必ずしも予定どおりに運行するとは限りません。事故だってあるかもしれません。電車を使う場合には、時間に間に合う電車のさらに1本前に乗るくらいでちょうどいいでしょう。飛行機（国内線）の場合には、最低30分前には空港に到着するように。私は、いつも40分前には着くようにして、ラウンジで一仕事することにしていました。

途中で食事をしなくてはならないときは、必ず目的地に着いてからとります。向かう途中で何が起こるかわからないからです。目的地についてからの食事であれば安心ですし、最悪の場合は食事を抜いてもいいのですから……。

約束の10分前に現場につけば、余裕をもってお客さまと商談をすることができます。時間ギリギリに到着して、息を切らしながら商談を始めるのとでは、結果に差が出るのは言うまでもないでしょう。

このように、「一歩先の行動」によって、さまざまなリスクを回避できると同時に、多くのメリットを得ることができます。

重要なのは、これを君の習慣にしてしまうことです。

なぜなら、たいていの行動は毎日のように繰り返されるからです。日々、君は起床し、出社し、会議に出席し、待ち合わせをします。このすべてを「一歩先の行動」にするかしないかで、長い間に驚くほどの差がつきます。

たとえば、早く出勤することで、ライバルよりも1時間多く仕事をすることができますね。これを10年間、続けてみなさい。積み重なって、２０００～３０００時間も多く働くことになります。しかも、まったく邪魔の入らないゴールデンタイムです。おそらく、３０００時間をはるかに超える効果を君にもたらしてくれるはずです。

もしも、君がライバルより能力で劣っていたとしても、よい習慣を身に付ければ勝つことができるようになります。

よい習慣は、才能を超えるのです。

第3章

仕事の
要を知る

Words of advice
for young business people

advice 10

すぐに走り出してはいけない。まず、考えなさい。

最近は、ずいぶん夜遅くまで仕事をしているようですね。

まぁ、若いうちはガムシャラにがんばったほうがいい。ただし、ムダなことをしていては疲れるばかりですし、なかなか成長に結びつきません。仕事は最短コースを走る。このことを、常に忘れないようにしてください。

そのためにもっとも重要なのは、すぐに走り出さないことです。行動を起こす前に「考える」のです。たとえば、取引先の担当者に連絡すべきことを思いついて、すぐに電話をかけたとします。ところが、電話を切った直後に、「あっ、もうひとつ伝えなければならないことがあった」と気付くことがあります。急いでかけ直したけれども、すでにその担当者は外出してつかまらない。それで、その案件の処理が遅れてしまう……。君にも、きっと似たような経験があるはずです。

電話をかける前に、冷静になって「何を伝えるのか？」「ほかに用事はなかったか？」を考えればよかったのです。このひと手間が仕事のムダを省いてくれるのです。

ささいな例ですが、これは、あらゆる仕事に通じることです。仕事を始める前に、「最短距離でゴールするにはどうすればいいか？」を考えなければなりません。

そして、しっかりとした計画を立てるのです。私の経験から、「戦略的計画立案」は仕事を半分に減らすと考えています。

ところが、慣れないうちは、「考える」前に走り出してしまいます。ついつい成り行きで仕事を始めてしまうのです。私は、数多くの部下の仕事ぶりをみてきましたが、そのためにどれほど多くのムダが発生していることかと思います。

計画を立てるために欠かせないのが「締め切り」です。締め切りにもさまざまあって、必ず守らなければならない締め切りや、交渉次第で変更できるものもあります。だから、仕事を指示されたときには、必ず「いつまでに完成させるのか」を確認したり、交渉したりしなくてはいけません。それが決まったら、ゴールから逆算して仕事を組み立てるのです。

たとえば、「1週間で営業先50社の販売状況をリポートせよ」という指示があったとします。まず、この仕事を遂行するために、何をしなければならないのかを考えます。販売数値の調査・集計、分析、執筆、図版作成などやるべきことがわかったら、それぞれをいつまでに終わらせれば間に合うかを逆算しながら日程を組んでいきます。

ここで注意してほしいのは、何も、すべて自分でやる必要はないということです。「自分が仕事をしなくて済む方法はないだろうか？」と考えてみるのです。もしも、数値入力が膨大であれば、その仕事は専門業者に委託したほうが効率的かもしれません。仕事に余裕のある同僚がいれば、手伝ってもらえるかもしれません。

また、「作業のやり方を誰に聞いたらいいか？」を考えるのも有効です。もしかしたら、先輩がかつて同じリポートを作成しているかもしれません。であれば、そのリポートを見せてもらうことです。販売数値を入力するフォーマットをそのまま流用することができるかもしれませんし、先輩の分析方法を参考にすれば、自分で一から考えるよりも早く仕事を進めることができるはずです。

このように、計画を立てるときには、効率化しうるあらゆる可能性を探るようにしてください。これを、私は「仕事は考えてから」と表現しているのです。

そして、計画が固まったら、デッドラインに向かって遮二無二、自分を追い込んでいくのです。成り行きで仕事をするよりも、確実に早く、高い品質の仕事ができます。

このように、仕事をするうえでは、締め切りを意識することが重要です。締め切りとは、いわば「制約」のことです。不自由を強いられますから、人は誰しもこれを嫌います。しかし、私たちは制約があるからこそ、知恵を絞ろうとするのです。いや、知恵を絞らざるを得ないというべきかもしれません。

「時間が足りなければ、残業すればいい」「締め切りギリギリでも間に合えばいい」。このような考え方では、決していい仕事はできませんし、君を鍛えてもくれません。その結果、長時間労働の罠《わな》に落ちてしまうのです。

考えてみれば、私がこれまでに築き上げた「効率的仕事術」も、制約があったからこそ生み出されたものです。私は、妻が病に倒れたため、毎日18時に退社して、家族の世話をする必要に迫られました。〝物理的〟に長時間労働をすることができなくなったのです。それは、制約以外の何ものでもありませんでした。

私は、社内でももっとも忙しいとされる部署の課長でしたから、気の抜けない毎日を送っていました。家族のことも心配で、十分ケアしなければと思っていましたが、その一方で、ビジネスマンとしての責務もきちんと果たしたかった。人に認められる成果を挙げたいという自己実現に対する強い欲求もあったし、自分の家族の問題を理由に中途半端な仕事はしたくないという自分に対するプライドもありました。

だから、仕事を最短コースで済ますにはどうしたらよいかと、工夫に工夫を重ねました。書類を探す時間がもったいないので整理術も追求したし、ちょっとした〝隙間時間〟でも仕事ができるように常にいくつかの仕事をもち歩く習慣もつきました。ありとあらゆることに効率性を追求したのです。

当時は、このような制約がつらく、理不尽に思えたこともありました。しかし、だからこそ、私の仕事力は磨かれていったのです。

もし、君が成長したいと願うならば、より高い制約を自らに課すことです。

上司から言われた締め切りよりも、少し早めにデッドラインを設定してみる。あるいは、同じ仕事内容であれば、前回よりも前倒しで設定するのです。そして、「どうすればできるか？」と考えるのです。

将来に備えて英語を学びたいと思うならば迷わず英会話学校に通いなさい。毎週、一定の時間がとられますが、その制約を受け入れるのです。大事な趣味があるならば、先にそのための時間を確保してしまうのです。

必死になって考えれば、必ず制約を乗り越える方法は見つかります。試行錯誤の連続かもしれません。しかし、その末に、君は仕事をコントロールする力を手に入れることができます。

だから、あえて制約を求めなさい。

人は、制約があるから成長するのです。

advice 11

「思い込み」は、君を間違った場所へ連れていく。

仕事に取りかかる前に考える――。

そのときに、気を付けなければならない落とし穴があります。

それは、君の「思い込み」です。どんなにしっかりした計画を立てても、それが思い込みに基づいたものであれば、その仕事は台無しになってしまいます。

私も、このために何度か失敗したことがあります。上司から仕事の指示を受けたときに、「たぶん、こういうことだろう」と決め付けて仕事を始めてしまったのです。そして、仕事を完成させて、上司に提出してから間違いに気付いて、結局やり直さざるを得なくなります。

このようなことを避けるためには、「上司が何を求めているのか」を、仕事を始める前にきちんと確認することです。

たとえば、「先日、○○新聞に掲載された取引先A社に関する記事をコピーしてくれ」と指示されたとします。「あ、あの記事のことだな」とピンときても、すぐに取りかかってはいけません。必ず、「新製品に関する記事ですね？」「何月何日の記事でしょうか？」などと確認するのです。

もしかすると、上司は、同じ会社の「役員交代に関する記事」のことを指しているのかもしれません。違う日付の記事かもしれません。もしそうであれば、君の仕事はまったくムダなものになってしまいます。

特に気を付けなければいけないのは、「こうに違いない」とか「当たり前だ」と思ったときです。このように直感的に確信したときこそ思い込みの可能性が高いものです。

そして、できれば、作業が途中まで進んだときに、もう一度相手に確認するのがいいでしょう。その仕事が正しい方向で進んでいるかどうかをチェックしてもらえれば、残りの作業も迷いなく進めることができます。万一、間違った方向に進んでいたとしても、やり直しの手間を少なくすることができます。しかも、その業務がどこまで進んでいるかを相手に知らせるという効果ももたらしてくれます。

「仕事を始める前に聞く」「仕事の途中で聞く」――。これを実行するだけで、多くのムダを減らすことができるのです。

また、事実確認が不十分なために起こる思い込みもあります。

たとえば、売上集計表をチェックしているときに、君が営業で扱っている商品があるスーパーで急激に売上を伸ばしていることに気付いたとします。嬉しいですよね？　それで、さっそく売り場面積拡大を提案する企画書をつくったとします。

しかし、企画書を受け取った売り場担当者から、「申し訳ありません。私の入力ミスでした」と連絡が入るかもしれません。企画書を書く前に、売り場担当者にたった一本、電話確認を入れておけば、君の思い込みは解消されていたのです。

仕事をしていくうえで大切なことは「事実は何か」を正しくつかむことです。ですから、「それは本当に事実か」を確認しなくてはなりません。

「まさか、そんな初歩的な間違いはしないですよ」と笑ってはいけません。人は多かれ少なかれ、事実をめぐって同じような間違いを日々犯しています。しかも、ときに取り返しのつかない過ちを……。

事実とは実に厄介なものです。

というのは、事実には、「報告された事実」「表面的事実」「仮定的事実」「希望的事実」などさまざまな事実があるからです。これらはどれも〝中途半端な事実〟です。にもかかわらず、人はときに、それを本当の事実だと思い込んでしまう。おそらく、そう思い込んだほうが、自分にとって都合がいいからでしょう。

君も覚えているはずです。

かつて、アメリカにおいて、「イラクにおける大量破壊兵器の存在」が事実とされていた時期があります。それで、イラク戦争というおそろしい悲劇が起きたのです。

しかし、後になってから、「実は、そのような兵器はなかった」ことが明らかになりました。「大量破壊兵器の存在」は、ＣＩＡから「報告された事実」に過ぎなかったのです。

そのために、いったい何人の人が命を落としたのでしょうか？　許しがたい過ちです。

ただ、これは決して対岸の火事ではありません。似たようなことが日本の会社のなかでは頻繁《ひんぱん》に繰り返されています。

「経営戦略」や「営業戦術」を立案する場合に、本当に「今、現場で何が起こっているか」「問題の原因は何か」を把握している会社がいったいどれくらいあるでしょうか？　事実を正しくつかまずに打ち出した戦略・戦術はムダであるばかりか、逆効果にすらなりかねません。そんな戦略を実行する社員たちは気の毒というものです。

あるいは、ある会社の業績が悪化したとします。すると、「研究・生産がいいものをつくらないからだ」とか「営業の売り方が悪いからだ」などいろんな声が湧きあがってきます。しかし、これらの議論は多くの場合、事実誤認によるものです。というよりも、自分の持ち場を守るために、都合のいい〝事実〟をもち出しているだけのことです。そんなことで、業績回復への道筋など立てられるはずがないのです。

君には、こんな愚かな仕事の仕方をする人間にはなってほしくない。

だから、今から、小さい仕事であっても「事実は何かを正しく知る」ことを、行動の起点にするように心がけてほしい。〝事実〟とされているものが、本当に事実なのかを正しく見極める努力を怠ってはなりません。

なぜなら、思い込みは、君を間違った場所に連れて行ってしまうからです。

advice 12

事の軽重を知る。
それが、タイムマネジメントの本質だ。

何事も、全力で取り組みなさい――。

君はご両親や学校の先生から、このように教わったかもしれません。たしかに、これは一般的に大切なこととされています。

しかし、「何事も全力ですることは、仕事のタイムマネジメントにおいては正しくない」と私は考えています。

なぜなら、私たちには限られた時間しか与えられておらず、この限りある時間のなかで、次から次へと押し寄せてくる仕事を処理しなければならないからです。

もちろん、入社したばかりのころは、上司に指示された仕事には、すべて全力を注がなければなりません。しかし、ある程度、任されるようになってきたら、それでは仕事が回らなくなります。いきおい、長時間労働をせざるを得なくなるのです。その結果、疲れが蓄積され、集中力が落ちてミスが増えます。悪くすれば、心身を壊してしまうでしょう。

会社の仕事というのは雑務の塊です。

私は、課長時代に、課のすべての仕事の重要度を5段階で判定したことがあります。重要度の高い順に5、4、3、2、1としたのです。すると、重要度5の仕事などほとんどないことがわかります。たいがいは重要度2か3の雑務なのです。

ところが、こうした雑務を、その重要度に見合わない手間をかけてやろうとする人がいます。

たとえば、上司が「取引先を訪問するので、その会社の概要がほしい」と部下に頼んだとします。私だったら、ネットで検索した会社概要と面談相手のプロフィールを印刷して、当社との取引状況を示す資料とともにホッチキスでとめて〝終わり〟です。1時間もかからないでしょう。

しかし、なかには、収集した情報をもとに、自分の文章としてリポートをまとめようとする人もいます。そこまでやる必要があるでしょうか？　上司は会う前に情報を仕入れておきたいだけです。そんなに丁寧にやる必要はないのです。

このような仕事をしていては、いくら時間があっても足りません。重要度の低いものは拙速《せっそく》でもいいから早く終わらせることです。雑務は、ポイントさえ押さえておけば、完成度は低くて構わないのです。

その代わり、重要な仕事には全力を注がなければなりません。ここを間違えるとたいへんなことになります。私もそれで大失敗をしたことがあります。

入社2年目のことです。当時、生産管理の仕事をしていたのですが、生産量1．8ｔを18ｔと書き間違えたまま、工場に指示書を送ってしまったのです。月に約0．5ｔ出荷される製品を3か月分つくるつもりが、3年分も指示してしまったわけです。それを変だと思わなかった工場サイドにも問題があったとは思いますが、これは完全に私のミスです。

その後しばらくは、工場に行くたびに、その製品が山と積まれている様子を目の当たりにしなければなりませんでした。これは、こたえましたね。

あのとき、私はかなり忙しかった。次々と仕事を指示されて、それに追い回されていました。今思えば、たいして重要でない仕事ばかりだったのですが、その忙しさに紛れて、ついつい指示書を見直す手間を省いてしまったのです。しかし、これは極めて重要な仕事でした。私は、雑務に追われて、もっとも丁寧にやるべき仕事で手を抜いてしまったのです。

まさに痛恨のミスでしたが、この失敗で私は学びました。それ以降、常に「重要な仕事は何か?」を意識するようになったのです。そして、これが私の仕事のやり方の大きな柱となっていきました。

私の持論に「仕事のパレートの法則」というものがあります。

「パレートの法則」とは、「国の富の8割は2割の人に帰属する」といった「8割2割の法則」のことです。私は、この法則は仕事にもあてはまると考えています。すなわち、「その人の抱えている仕事量全体の2割の重要な仕事をやれば、求められている成果の8割を達成したことになる」ということです。これは、長年の経験を踏まえた私の実感です。

私たちに与えられた時間は有限です。

体力や集中力にも限りがあります。

だから、いい仕事をしようと思ったら、「最小投資」で「最大効果」を求めなければなりません。

重要度の低い仕事は拙速でやるか、やらないで済む方法を考える。そのかわり、重要な仕事にできる限りの労力を投入するのです。そのことによって、結果に大きなレバレッジを効かせることができます。

かつて、私を「手抜きの佐々木」と称した上司がいましたが、私はこれを〝褒め言葉〟として受け取っています。仕事は結果を出すことが目的です。丁寧にやることが目的ではありません。しかるべきところでは、手を抜くべきなのです。

ただし、手を抜くところを間違えてはなりません。

大切なのは、「どの仕事が重要なのか」を正しく見極めることです。つまり、「事の軽重」を知ることが仕事のキモなのです。

わかりやすいエピソードがあります。

以前、私は投資信託の取引をしていたことがあり、2人の営業マンと付き合いました。

ある銀行の営業マンは、毎月1回1時間のアポイントをとって、私のもとを訪ねてきて、いろいろ話をして帰っていきました。もうひとりの証券会社の営業マンは、めったに訪問してきませんが、貴重な情報をメールか郵便で私に連絡してきていました。

件《くだん》の銀行の営業マンは「会社の上司から仕事を効率的にしろと言われるのですが、私はお客さんを相手にしているので、なかなか効率的にはできないのですよ」とよく言っていました。

しかし、そのお客さんである私は、彼の訪問はありがたくないのです。私がほしいのは貴重な情報であって、営業マンに会うことではありません。

もちろん、彼は仕事に一生懸命に取り組んでいるんですよ。しかし、力の入れどころを間違えている。「事の軽重」を見誤っているのです。

一方、ライバルは、彼が顧客訪問に膨大な時間と労力をかけている間に、最先端の情報をくまなくリサーチしています。そして、適切に顧客に知らせているのです。

これでは、まったく勝負になりません。

仕事で最大のパフォーマンスを上げるためには、タイムマネジメントが極めて重要です。ただ、勘違いをしてはいけません。

タイムマネジメントは、時間を管理することではありません。

仕事を管理することです。

私は、「仕事を効率的にするにはどうすればよいのですか？」といった質問をよく受けるのですが、ほとんどの人が期待しているのは、「スケジュール管理術」「デッドライン仕事術」といったいわば小手先の仕事術です。

しかし、いくら小手先の技術を身に付けたところで、仕事が効率化されるわけではありません。それはそうでしょう。まったく重要ではない仕事を、最大の効率でこなしたところで何の意味もないのですから……。

事の軽重を知る——。

これこそ、タイムマネジメントの本質なのです。

advice 13

書くと覚える、覚えると使う、使うと身に付く。

私には、何でもすぐに記録するクセがあります。「メモ魔」と言われるほどです。もう30年以上も、大事だと思ったことは何でも、ノートや手帳に書きとめてきました。処分したものもありますが、大切な手帳やノートは今も自宅に保管しています。

それらを眺めていると、自分の人生での出来事が次々と思い出されます。「あぁ、あのときは大変だったな」とか「そうか、俺は、あの出来事をきっかけに考え方が変わったんだな」などと振り返ります。そして、「自分は、書くことで、記録することで、成長してきたんだな」とつくづく思うのです。

このクセがついたのは、たしか20代のころです。大失敗をしたことが、きっかけとなりました。

当時、私は営業部からの発注を受けて、生産計画を立てて工場に指示する仕事をしていました。これが結構たいへんで、20～30の営業部がありましたから、膨大な事務処理をしなくてはなりませんでした。そのため、工場への指示を忘れるミスをしばしば起こしてしまった。何度も大問題になりました。

それで、営業部から発注を受けたら、その場ですべて記録するようにしたのです。それ以降、同じミスをすることはほとんどありませんでした。まぁ、当たり前のことです。しかし、このときに重要なことに気付いたのです。

生産計画を立てるときに、ノートを確認しますよね？　ところが、だいたいその数字を覚えているんですよ。なぜか？　自分の手で書いたからです。このとき私は、「書くと覚える」ということに気付いたのです。

それからは、何でもできるだけ記録するようにしました。仕事の予定はもちろんのこと、失敗したことやその原因、注意されたこと、気付いたこと、人物情報、会社情報、感動した本や映画の一節……。「これは大事だな」と思ったことは、すべてノートに書きとめていったのです。

これは効果がありました。

特に数字。数字を暗記するのは、仕事をするうえで非常に大切なことです。

たとえば、会議などで、「この事業の当社の売上は32億円、利益2億円、A社は売上13億円、利益0・8億円」などとパッと数字が口をついて出てくるのと、そうでないのとでは説得力に格段の差がつきます。数字を並べて話す人は、「こいつは、よくわかってるな」と思ってもらえるのです。

だから、私は、仕事に関する重要な数字はすべてメモしていました。「担当事業のマーケットサイズ」「競争相手のシェア」「オイル価格」「ジニ係数」などなど。そして、通勤電車のなかや、ちょっとした〝隙間時間〟に何度も何度も読み返して暗記していったのです。

よく「ネットで調べればわかる」という人がいますね？　しかし、それは「ネットで調べなければわからない」ということです。それでは、数字を使うことはできません。いや、考えることができないと言うべきでしょう。

数字を頭のなかで〝転がしている〟うちに、「あれ？」「なぜだ？」と疑問が浮かんできます。「原油価格が下がっているのに、なぜ、原油由来の原材料は高止まりなんだ？」とか「中国で○○商品の消費量が増えているのに、なぜ、当社の○○商品の売上が伸びないのか？」と考え始めるのです。これは、数字を暗記しているからこそできることです。「ネットで調べればわかる」ではできません。

しかも、頭に入っていれば、いつでもどこでも考えることができます。電車のなかでも、トイレのなかでも、つまらない会議の最中でも……。こんな便利なことはないですよ。

だから、私は常々、「書くと覚える、覚えると使う、使うと身に付く」と部下に言ってきました。知識は身に付かなければ、何の意味もないということを伝えたかったのです。

若いうちは、覚えなければならないことがたくさんありますから、手帳よりノートのほうがいいでしょうね。それも、ノートは1冊のほうがいい。なかには、テーマごとに複数のノートをつけようとする人もいますが、私はあまり勧めません。何事も、習慣化するにはシンプルにすることです。面倒くさくなってしまうと継続しませんからね。

私は、1冊のノートに時系列でどんどん書いていきました。会議のメモの次に取引先の売上数値を書き、その次のスペースには読んだ本の印象的なフレーズを書き込む。それで何の問題もありません。

人間の記憶というものは、時系列で刻まれていきます。ある記録を読み返したいと思ったときも、「あれは、去年の夏ごろだったな」などと覚えているものです。その記憶を頼りにノートをめくっていけば、意外にすんなりとそのページにたどり着けるのです。

ただし、書くだけではモノになりません。

先ほども少し触れましたが、書いたものを読み返して、確認することが大切です。何度も繰り返し読み返すことで、はじめて物事は記憶として定着します。あるいは、読み返しながら、その事柄の意味を再考することで、そこに隠された意味や矛盾に気付くこともあります。

たとえば、私は、前日に記録したことを、朝の通勤電車で必ず読み返すことを習慣にしていました。前の日の会議記録や人の発言を反芻《はんすう》するのです。そして、記憶を手繰り寄せながら、もう一度、そのことについて考えます。

すると、「昨日、会議で決まった結論はどうもおかしい」という疑問が生まれることがあります。そして、出勤後、関係部署にもう一度確認すると「たしかにおかしい」と言い出します。それで、再度検討し直すことで軌道修正できたことが何度もあります。そのまま、見過ごしていたら、後で大事になっていたかもしれません。

ノートや手帳を読み返す最大のメリットは、過去のスケジュールを振り返ることによって、自分の仕事ぶりをフォローアップできることです。

私など、手帳を読み返しながら「反省」ばかりしていました。

過去のスケジュールを眺めながら、「ああ、この段階で、上司に情報を上げておけばもっとスムースに仕事が進んだのに……」「この作業はまったく必要がなかったな、なんてムダなことをしてるんだ……」などと自分の仕事を評価するわけです。

決して、愉快な作業ではありませんが、この習慣は私の成長に役立ちました。仕事というものは、すぐに惰性に陥ってしまう危険性があります。特に、〝それなり〟に仕事ができるようになると、目立った失敗が少なくなるがために、かえって自分の仕事ぶりを振り返らなくなってしまうものです。ここに、大きな落とし穴があります。成長が止まってしまうのです。

「完璧な仕事」というものはありません。どんなにうまくいった仕事でも、仔細に振り返れば、必ず反省すべき点はみつかります。それを、一つひとつ確認して、次の仕事に生かしていく。その繰り返しによって、螺旋階段を上るように、人は成長していくのです。

今、私の手もとには20年分の手帳があります。表紙がよれて、手垢《てあか》のついた手帳です。中を開けば、書きなぐった文字でびっしりと埋め尽くされています。

これらの手帳は、毎日いつでも私のそばにありました。まさに、私の人生の伴走者であり、人生の証言者です。

そういえば、私は何度もこの手帳に励まされたものです。

何かつらいことがあれば、そのたびに古い手帳を取り出しました。そして、過去のつらい経験を思い出しながら、「俺は、こんなピンチも乗り越えてきたんだ。今回もやり抜くことができるさ」と自分を奮い立たせてきたのです。

もしかすると、私は、手帳というツールを使って、自分と対話を続けてきたのかもしれませんね。

君にも、そんなパートナーをもってほしいと願っています。

advice 14

言葉に魂を吹き込むのは、君の生き方だ。

君は決して、口が達者なタイプではありませんでしたね。どちらかというと、気後れしたように話す印象がある。もしかすると、営業活動にも苦慮しているかもしれませんね。

もし悩んでいるなら、書店で「話し方」のノウハウをまとめた本を探してみるのもいいかもしれません。いつの時代でも、私たちにとって普遍的なテーマなんでしょう。たくさんの本が並んでいます。

これらの本は、「視線はまっすぐに」「大きな明るい声で」「背筋をピンとたてながら」など、話し方についてさまざまなことを教えてくれます。人前でプレゼンテーションをするときには、「パワーポイントを用意しなさい」「熱意を込めて話しなさい」といったことも書いてあります。

こうした本を読んで、相手が理解しやすい話し方を研究することは大事なことです。

私から、ひとつアドバイスするとすれば「簡《かん》にして要《よう》」、これが話すときの鉄則です。話がむやみに長くて要領を得ない人は、人の理解を得られません。簡潔に、的を射た話をするように心がけなさい。

皆、忙しいのですから、自分の話す時間を短くするのは、人に話を聞いていただくために必要な条件です。特に、上司は「話が長い」というだけで、その人と会うのを嫌がるものです。「結論まっしぐら」を徹底しなければなりません。

話がわかりにくいのには、はっきりとした理由があります。要するに、本人もその話の内容がよくわかっていないのです。何が問題の本質なのかが、自分のなかで十分に整理できていないのです。

そんなときは、紙に書くことです。

これから自分が話そうと思うことを、箇条書きで書き出してみなさい。いくつも出てくるでしょう。それをじっくり眺めながら、何がもっとも重要なポイントなのかを考えます。すると、本質的な問題と、派生的な問題とが区別できるようになります。そして、本質的な問題のみを残して、ほかはすべて切り捨てるのです。この作業によって、必ず問題が整理されてくるはずです。

実際に話すときには、もっとも重要なポイントから切り出します。慣れないうちは、ペーパーを見ながら話せばいいでしょう。

このような訓練を積み重ねれば、「簡にして要」の話し方が確実に身に付きます。

ただ、私の長年の経験からいうと、相手を動かすために本当に大事なのは「話し方」ではありません。

もちろん、大きく明るい声のほうが好感をもたれるのはたしかですし、熱意をもって話したほうが相手の感情に訴えるでしょう。

しかし、さまざまな意見が飛び交う会議などにおいて、最終的に採否を決するのは、その主張にしっかりとした説得力があるかどうかという一点に尽きます。聞いている人たちに、「なるほど、たしかにそうだ」と思わせる内容があるかどうかがすべてなのです。


そういった例を紹介しましょう。

あれは、私が東レの経営企画室長として、経営会議の事務局を務めていたころのことです。ある日の経営会議で、ある赤字事業を中止するか否かで大議論になったことがあります。

会議の大勢は、「さらに検討課題を掘り下げながら、事業継続の道を探ろう」という方向に傾きかけていました。役員からの意見も出尽くし、しばらく沈黙が続きました。

私が「決まったな……」と思った、そのときです。ひとりの若い社員が口を開きました。その事業の担当者として会議に参加したなかでは、もっとも役職の低い人物でした。

そして、「今日、議論された検討課題については、すでに我々がこの1年間、昼夜分かたずつめてまいりました。これ以上、検討の余地はないと思います」と話し始めたのです。

さまざまな具体的な事例を引き合いに出しながら、淡々と、しかし苦渋に満ちた表情で、その事業を中止すべき理由を説明しました。

ボソボソとした話し方で、お世辞にも話がうまいとはいえません。しかし、真剣そのもので、しかも、事実と問題点をよく伝える内容でした。

そんな彼の説明を、役員は黙って聞き入っていました。そして、しばらくやりとりをした末に、彼の主張するとおり、その事業を収束させることに決定したのです。

その一部始終を見ていた私は、心を動かされました。

というのは、私は、彼が事業再構築のためにどれだけ努力してきたかを知っていたからです。彼を中心とするチームは、自らの個人的生活を省みることもなく、毎日毎日、何か月も、およそ考えられるあらゆる可能性を探ってきたのです。

だからこそ、あれだけの説得力が生まれたのでしょう。

必死の努力を実践してきた人の言葉は、話し方がたとえ下手であったとしても周りの人に伝わる——。このことを、私は教えられたのです。

だから、遼君、君も日々を真剣に生きることです。

真剣に仕事に向き合うことです。

そういう生き方をしている人は、言葉の重みが違います。説得力が違ってきます。

君の話に魂を込めるのは、君の生き方以外にないのです。

advice
15

本物の重量感を知りなさい。

君は、休日はどのように過ごしていますか？

疲れて寝て過ごしていたり、金曜日の夜に飲みすぎて、土曜日は終日二日酔いなんてことはないだろうね？　まぁ、たまには羽目をはずすのもいいですが……。

私は、ぜひ、生涯を通じて追求できるような趣味をもつことを勧めます。そして、休日には、仕事から離れてその趣味に没頭する時間をもつことが大切です。人生が豊かになるだけではなく、仕事にも確実にプラスになります。

その点、君は恵まれています。

なんといっても、学生時代にプロのミュージシャンを目指していたのですから。今も、ときどき当時のバンドメンバーで集まって演奏しているようですね。そういう仲間は、いつも連絡を取り合ったりして大事にしたほうがいいですよ。

私が若いころは、読書したり映画を観たり、スポーツや旅行など、おおいに休日を楽しんだものです。

なかでも、スポーツはするのも観るのも好きでした。

特に、駅伝やマラソンなどは、代表的な大会はほとんどすべてをテレビ観戦したものでした。私自身、学生時代に駅伝の選手だったこともあって、テレビを観ているだけで、まるで自分が走っているような錯覚を覚えたものです。

もっとも熱を入れていたのは箱根駅伝です。以前住んでいた横浜の保土ケ谷のすぐそばが「花の2区」のコースだったため、お正月には必ず沿道まで出て応援しました。

ある年など、自宅近くで選手を見送った後、電車で小田原まで追いかけて、再び応援したこともあります。出場選手のタイムを分析するなど、ほとんどクレージーともいえる力の入れようでした。

しかし、こうして自分の好きなことに没頭すると、おおいに気分転換になります。日常生活のわずらわしさからも、ハードな仕事からも、完全に解放された気分になります。

そして、「さぁ、明日から、またがんばろう！」というエネルギーが湧いてくるのです。

逆に、会社で仕掛かり中の面倒な仕事のことが気になって、休日になってもあれこれ思案していると、だんだんと疲れてきます。思考も同じところをグルグル回るだけで、袋小路から抜け出すことができなくなってしまいます。

そんなときこそ、思い切って自分の趣味の時間に切り替え、没頭してみてください。

気持ちがリフレッシュされて、思わぬ発想が浮かんできたりします。それに、休日になったら楽しい趣味が待っていると思うと、仕事がきつい時期にも踏ん張りがきくというものです。

趣味を深めていくと、「本物」と「偽物」の違いがわかってくるということもあります。

私は推理小説が好きで、暇を見つけては読みふけっています。もう何百冊読んだかわかりません。好きな作家はたくさんいますが、中でも好きなのはアガサ・クリスティです。彼女の作品は、トリックのアイデア、読者を引き込む構成、伏線の張り方、どれをとっても一流ですね。しかも、深い人間観察眼に貫かれている。まさに本物です。

この本物の「重量感」とでもいうのでしょうか、その感覚をつかんでいるかどうかは、おそらく仕事力にも関係があります。

まず、仕事の目標設定が高くなります。自分の仕事を、少しでも本物に近づけるように努力し始めるのです。あるいは、自分の仕事を評価する目が厳しくなります。だからこそ、さらに腕を磨こうとするのです。

また、仕事では、数多くの資料を読み、人と会い、営業を受けます。その「真贋《しんがん》」を見極めるためには、データや情報に基づいた理性的判断が欠かせません。しかし、それだけでは足りないことがあります。論理的には正しいように見えるけれども、どこか信用できない感覚を抱くことがあります。それを察知する嗅覚《きゅうかく》というか、第六感のようなものは、数多くの本物に触れることでこそ磨かれるのではないかと思います。

それだけではありません。

もっと重要なことがあります。

本物は、私たちに異次元の経験をさせてくれるのです。

私は、新婚旅行でパリに行ったときに、ルーブル美術館を訪れました。芸術のことは詳しくないのですが、ここで「モナリザ」や「ダヴィデの像」を観たときの衝撃は忘れられません。あまりの感動に長い時間、その場に立ち尽くしたほどです。うまく言葉にできませんが、俗世から一歩離れた世界に触れることができたような気がしたものです。まさに、心が洗われるような体験でした。

そのときの心境は一種独特のものです。日々の喧騒《けんそう》、争い、心配事……。そんな私たちの心をわずらわすものを遠くから眺めることができるような感覚とでもいうのでしょうか？　それらが、とても小さなことのように思えてくるのです。

そして、日常を超えた価値あるものの存在を思い起こさせてくれます。このような体験は、私たちに実利をもたらしてくれるわけではないかもしれません。

しかし、きっと君の成長に何かを付け加えてくれるはずです。

ぜひ、ひとつでも多くの本物に触れてほしいと願っています。

advice 16

せっかく失敗したんだ、生かさなきゃ損だよ。

遼君、この間はずいぶん元気がなかったですね。ちょっと心配になりましたよ。

君が担当しているデパートの責任者から、「君のような担当者とは取引できない」と厳しいクレームをつけられたそうですね。

なんでも、君が大量に受注した商品を約束の納期に納めることができなかったとか。原因ははっきりしている。在庫確認の不足と、生産部門との調整不足がこの事態を招いたのです。それは、営業担当である君の責任です。先方は、あらかじめ陳列スペースを空けて、君が納品してくるのを待っていたのですから、怒って当然ですよ。

君は、まず何よりも誠心誠意、謝罪する以外ありません。

ただ、落ち込んでばかりいても仕方ない。このことを前向きに捉えなさい。あらゆる失敗には、君の成長のタネが隠されています。今、君に問われているのは、その失敗を生かせるかどうかということです。

最初に、君に言っておきたいことがあります。

君は、クレームを受けたことを感謝したほうがいい。

なぜなら、多くの人はなかなか怒ったりしないからです。怒るということは大きなエネルギーを消耗します。それに、後味だって悪い。できることなら、怒らずに済ませたいと思っているのです。

だからこそ、私たちは気をつけなければいけません。

というのは、怒ることを避けたいので、人は、相手の多少のミスは見て見ぬ振りをしてしまいがちだからです。しかし、言わないけれど相手は冷静にそのミスを見ていて、君に対する評価を下げています。

ところが、ミスを指摘されないために、人は自分の失敗に気付くことができない。あるいは、この程度のミスは許されるんだと勘違いしてしまう。その結果、いつまでも同じミスを繰り返してしまうことになります。

いつになっても、君の言動が修正されなければ、周りの人たちはそっと君のそばから立ち去ろうとするでしょう。

私にもこんな経験があります。

東レの繊維事業の企画部門にいたころ、ある調査会社に繊維の市場調査を定期的に頼んでいました。ある年、新たに追加で調査したいことがあり、責任者を呼んで、従来のフォーマットとは違う調査表を渡し、「これをもとに調査してください」と依頼しました。しかし、その2か月後、驚かされることになります。なんと、従来どおりの調査表が送られてきたのです。しかも、追加で依頼したものはまったく手付かずでした。

驚いて責任者に電話したところ、彼は飛んできて謝罪をしました。聞いてみると、彼は、依頼を受けた日に調査するグループ長に指示したものの、実際に調査を実行する担当者に直接伝達するのを忘れていたのです。しかも、完成した調査表を確認することも怠っています。基本動作が欠けているのです。

ことは単純なミスですが、その影響は甚大です。従来方式のヒアリングはすでに終わっているのですから、追加調査のために再びヒアリングをしなければなりません。もちろん、私が当初用意した200万円の予算は変更できません。結局、その会社は赤字の仕事をしなければならなくなったのです。

しかし、私は彼に質問をして原因を明らかにはしましたが、基本動作が欠けていることまでは指摘しませんでした。私は彼の上司でもなければ、指導者でもありません。取引先としてきちんとした仕事を要求するだけです。

大人の世界とはこういうものです。

よほどのことがない限り、厳しい指摘を受けることはないと思っているくらいでちょうどいい。私だって、いまだに、後になって自分の過ちに気付くことがしょっちゅうあります。過去を振り返れば、「あ、あのとき彼はさりげなく忠告してくれていたんだ」「どうして、あんなことをしてしまったんだろう」などと反省することばかりですよ。

今回の君の件にしても、その責任者の方は、「まぁ、よくあることだから、気にしないでいいよ」と言って、やり過ごすことだってできたのです。だけど、きちっと怒ってくれた。

これは、感謝すべきことです。そして、二度と同じミスをしないことが、その方に対する最大の感謝の示し方なのです。

それから、もうひとつ。

クレームはむしろチャンスと捉えたほうがいい。相手の人との人間的な距離を縮める絶好のチャンスなのです。

私が営業の課長をしていたとき、あるお客さまに通常のスペックに満たない強度の低い製品（原糸）を出荷したことがありました。そのお客さまは、その原糸を使って漁網をつくってしまった後で強度不足に気付きました。クレームを受けた私はすっとんでいって、すぐ正常な原糸を代替出荷すると同時に、強度不足の漁網を時価で買い上げました。このように、きちんとした対応をすることによって、そのお客さまに誠意を認められ、その後、良好な関係を築くことができました。

クレーム対応は苦労を伴います。通常業務をストップさせて、クレーム対応に飛び回らなければならない。相手先に行って、頭を下げなければならない。社内での後始末もなかなか骨が折れるものです。

しかし、ここで誠意を込めた対応ができれば、相手の方との信頼関係を一気に築くことができます。雨降って地固まるとはこのことです。だから、クレームを恐れてばかりではいけないのです。

ところが、問題が発生したときに、相手の懐《ふところ》に飛び込むことを躊躇《ちゅうちょ》してしまう人がいます。これは、実にもったいない。

つい先日のことです。

仕事の関係で打ち合わせをしているときに、失礼な対応をした社外の若者がいたから注意をしたのです。彼はさっと顔色を変えて、黙り込んでしまいました。

翌日、私は彼からの連絡を心のなかで待っていました。やっぱり、後味が悪いものです。彼が、謝罪のメールを送ってきたら、優しい言葉を返してあげたいと思っていました。ところが、結局、彼は連絡を寄こしてきませんでした。残念でしたね。

私は、「これが、彼の限界なんだな……」と思ったものです。失敗をしたときこそ、相手に向かって一歩を踏み出す勇気をもつべきなのです。それが君のためでもあるし、実は、相手のためでもあるのです。

人は誰しも、日常的なトラブルであれば、怒った相手を許したいという気持ちをもつものです。それによって、自分の気持ちを浄化することができるからです。それに、自分の失敗を挽回《ばんかい》するために必死になっている人のことは、誰だって応援したくなります。それが、人情というものです。

だから、人を信じて、相手の懐に飛び込んでみることです。

勇気をもって一歩を踏み出して、誠心誠意お詫びの気持ちを伝えれば、きっと相手は君を迎え入れてくれます。

そして、大きなリターンを手にすることができるに違いありません。


そもそも、失敗とは決して「悪」ではありません。

もちろん、反省もせず、同じミスを繰り返すことは避ける必要があります。君も今回の失敗の原因を心に刻みつけなければいけません。せっかく失敗したんだから、生かさなきゃ損ですよ。

だけど、より難しい仕事に挑戦しようとすれば、ミスは避けられないものです。

顧客の要望により高い次元で応えようとすれば、ミスをする確率は高まるのです。

しかし、その失敗を生かすことができれば、大きな収穫を得ることができる。失敗を乗り越えることによって、私たちは成長することができるのです。

だから、失敗を恐れてはいけません。

失敗を恐れず、挑戦する。失敗したら、その原因やその回避方法を必死になって考える。そして、何度でも挑戦するのです。

この繰り返しによってしか、私たちは成功に近づくことはできないのです。

advice 17

自立した人間になりなさい。

君は、会社を辞めたいと思ったことはありませんか？

こんなふうに聞くと身構えるかもしれませんね。でも、誰だって、そういうときはあると思います。なにしろ、職場には、「不合理で、わからず屋で、わがままな存在」が必ずいるものですからね。「やっていられない」と思うことがあるのが普通のことです。私にも、辞表を叩きつけてやろうかと思ったことがないわけではありません。

私は、常々、部下に「今いる職場が最終の職場ではない」とアドバイスしてきました。これが、社内でちょっとした問題になったことがあります。というのは、このフレーズを面白がった部下が、ほかの部署の人に見せて人事部の知るところとなったのです。人事部は、「君は転職を勧めるのか？」とえらく怒ってましたね。

もちろん、転職を勧めていたわけではありません。

ただ、私は入社以来、「もし、この会社が自分にとって成長の場ではない」と考えたときには辞めるつもりで働いてきました。これは、私の信条です。人によっては、仕事が自分に合わずに、会社を辞めざるを得ないことだってあるでしょう。

私は、「そういう日のことも考えて、ほかの会社に転職しても通用するスキルを磨いておきなさい」ということを部下に伝えたかったのです。

特別なスキルを身に付けておかなければ、辞めたくとも辞められないという状況に追い込まれてしまいます。それでは、あまりに不本意ではありませんか。

私は、「今いる会社を運命だと思いなさい」と書きました。しかし、それは決して、会社に屈従することを勧めているわけではありません。いざとなれば、辞表を叩きつける覚悟はもつべきです。そのためには、自立した人間にならなければなりません。自分で人生を切り拓くだけの力を身に付ける必要があるのです。

ただし、私は、転職には慎重の上にも慎重を期すべきであると考えています。

近年、入社3年未満で転職してしまう若者が増えているそうです。個々の事情があるので一概に論ずることはできませんが、私に言わせれば実にもったいないことです。

入社して3年間、無我夢中でがんばって、ようやくその仕事のことがわかり始めるのです。一人前になろうと思ったら、最低でも10年はかかりますよ。仕事というものは、そんなに甘いものではない。腰を据えて取り組まなければモノにはなりません。

そもそも、会社のことなど、たった数年でわかるものではありません。

こんな寓話《ぐうわ》があります。2人の目隠しをされた人が象に触れました。鼻に触れた人は「ひょろ長いもの」と言い、胴に触れた人は「大きくがっちりしたもの」と言ったそうです。同じ象に触っていながら、まったく別の認識をもったのです。しかも、双方とも、象の真の姿を把握することはできていません。

これと同じことです。若いときには、会社の全貌を把握することなどできはしません。どうしても、目の前にあるものだけで判断することになってしまう。それは、その会社の真実の姿からはほど遠いものなのです。

「この会社は……」というけれど、それは君が所属している職場、君が一緒に働いている人たちのことを指しているに過ぎないのではないですか？　いわば、〝鼻〟や〝胴〟に触れただけで、全体を見たつもりになっているだけのことです。

実際、今、私が東レに対して抱いているイメージは、若いころのそれとはまったく違います。それに、私は東レのさまざまな職場を経験してきましたが、いまだに「東レという会社は……」などとひとくくりにした言い方はできないと実感しています。

もちろん、いわゆる〝ブラック会社〟と言われるような、人道にもとる会社があるのは事実です。もしも、君が、そのような会社に入ってしまったのならば、できるだけ早く辞めたほうがいい。しかし、大多数の会社は、さまざまな問題を抱えながらも、常識の範囲内で運営されているものです。むしろ、問題のない会社など、この世には存在しないことを認識すべきです。会社はさまざまな人の集まりです。そこに、何の問題もないことなどありえないのです。

ところが、「ここが気に食わない」「あそこが気に食わない」とちょっとしたことで転職をする人がいます。こういう人は、次の職場でもちょっとしたことで辞めることが多い。当然でしょう。なぜなら、転職するということは、不慣れな人間関係のなかで、不慣れな仕事をすることだからです。それだけでも、相当なストレスですよ。しかも、必ず、その会社にもそれなりの問題はあります。不満のタネには事欠かないのです。会社を変えても、何も変わりません。より、不満が増える結果になることが多いのです。

では、どうすればいいか？

君がその会社を変えればいい。もしも、会社が君の理想と違うなら、君の考えと違うなら、君がその会社を変えればいい。少し時間がかかるかもしれないけれど、努力し昇進することによって、君は少しずつ周囲を変えていくことができます。

私にも、上司と考え方ややり方が合わずに強い不満をもっていた時期があります。その上司は「成り行き」で仕事を進めるタイプで、段取りが極めて悪かった。長時間労働が当たり前で、ムダな指示が多かったし、定時以降の会議も頻繁にありました。そのため、毎日夜遅くまで会社に残らなければならない。休日出勤も日常茶飯事。これが、私にはたまらなく嫌でした。

当時、すでに35歳になっていた私には、仕事の進め方についての一家言《いっかげん》がありましたから、よくその上司とぶつかったものです。しかし、相手のほうが「位」が上ですから、最終的には従わざるをえません。そうしなければ、組織というものは機能しない面がありますから、やむを得なかったのです。それは、悔しかったですよ。

そこで、私は、「今は耐えるしかない。しかし、俺が課長になったら全部変えてやる」と気持ちを切り替えました。「課長になったら絶対にしないこと」「必ず実行すること」などをノートに書き出しながら、自分の仕事術を磨き続けたのです。

そして、課長になった瞬間に、私は前任課長の仕事のやり方を明確に否定しました。それまでに身に付けた仕事術を課員に徹底させたのです。その結果、周りの部署が長時間労働を続けるなか、私の課だけはほぼ毎日、全員が定時退社するようになりました。その後も、部署を変わるごとに同じことを繰り返してきました。

東レという大きな会社のなかで、私ひとりの力は微々たるものかもしれません。それでも、私は、たしかに会社を変えることができたのです。

本田技研工業前社長の福井威夫さんは以前、新入社員にこんなメッセージを贈っていました。「入社してホンダウェイを学ぶのもいい。しかし君たちが何かを持ってくる、何かをしなければ明日のホンダはない。ホンダを変えることに自分たちの価値がある。ホンダのために働くと考えること自体すでにホンダウェイじゃない。人が何のために働くのかというと会社のためじゃない。自分のために働くのだ。それはいつの時代も世界中どこでも共通だ」。私の持論とも重なるので、感動しながら聞いたものです。

いい会社、悪い会社、いろいろあるでしょう。しかし、いい会社に勤めたから、幸せになれるわけではありません。そこで、自分らしく働くためには、君自身の力で会社を変える努力をしなければなりません。

逆もまた真です。勤めている会社に問題があれば、その問題に気付いた君自身がそれを変えなければなりません。そこから逃げても、おそらく君は同じ問題に直面することでしょう。

自立した人間とは、自分の力で環境を変えていこうとする人間なのです。

第4章

どこまでも真摯であれ

Words of advice for young business people

advice 18

上司の強みを知って、それを生かしなさい。

遼君、先日は、わざわざ年賀の挨拶に来てくれてありがとう。

あの日は、ちょっと飲みすぎましたね。私もすっかり二日酔いでした。

そういえば、あの日、君にしては珍しく愚痴っぽかったですね。なんでも、新しくやってきた上司が、高圧的で小さいことにこだわり、自己中心的だとのこと。ところが、仕事はできる。前の職場では、在任中の売上が30%も向上したというのですから、やり手の営業マンなのでしょう。たしかに、こういう上司はやりにくい。

それにしても、「部下の気持ちのわからない人だ」「仕事ができればいいってもんじゃない」と不満だらけの君を見ていて、自分の若いころを思い出し、思わず笑ってしまいましたよ。

私も、若いころはさまざまなことに不満をもちました。特に、上司というものは、もっとも身近な「権力者」だけに気になります。「サラリーマンの楽しみは、酒を飲みながら上司の悪口を言うことだ」と広言して、同僚を誘っては飲み屋でクダを巻いたものです。

君は、「煩悩」という言葉を知っていますか？

仏教において克服すべきものとされる心の迷いのことです。その代表的なものに、「妬む」「怒る」「愚痴る」があります。

これらの心の迷いは、人が生まれもったものです。自分がお金がないとき、他人がお金持ちなら誰でもうらやましくなります。上司が自己中心的であれば怒りますし、運悪く自分の計画がうまくいかなかったら愚痴ります。これは、人間の当たり前の感情ですね。だから、君が愚痴るのは人として自然なことではありません。

しかし、お釈迦さまは、この煩悩を克服しなさいと教え諭しました。そのほうが、人は幸せになれるからです。妬んだり、怒ったり、愚痴ったりすれば、周りの人は不愉快な気持ちになります。特に、陰口が本人の耳に入ったときには、相手を深く傷つけてしまいます。ときには君の敵となって、あらゆる局面で君の邪魔をしようとするでしょう。その結果、不幸なことになります。

とはいえ、若いうちから無理に煩悩を押さえ込むのも考えものです。それらは「負」の感情には違いありませんが、君を一歩も二歩も前進させるパワーにもなるからです。「なにくそがんばるぞ」という気持ちにつながることもあるのです。実際、「理不尽だと思ったら怒るがいい。悲しみは人を立ち止まらせるが、怒りは前進を促す」という言葉があるくらいです。

だから、私は、経験の少ない若いうちは、おおいに妬み、おおいに怒り、おおいに愚痴ったらいいと思っています。煩悩におかされていれば、いずれ自分自身が深く傷つく経験をするかもしれません。しかし、その経験によって本気で煩悩を克服しようと思うことができれば、君はそこで大きく成長することができるはずです。

もし、今、君が上司に対する反発心から、「なにくそがんばるぞ」と思っているのならば、その上司との上手な付き合い方を教えてあげましょう。これから教える四つの「部下力」を身に付ければ、あらゆる上司に対応できるようになります。

まず第一に、「上司の注文を聞く」ようにしなさい。上司が、君に何を期待しているのかを折に触れて聞くのです。

チームのなかで君が分担すべき役割を確認してもいいでしょうし、具体的に指示された仕事について、「その仕事がチーム全体のなかでどういう意味があるのか」といった背景や、「どの程度、掘り下げて仕事をすればいいのか」といった品質基準について教えてもらうのもいいでしょう。上司の注文を踏まえたうえで行動することができれば、上司の満足度は高まり、君に対する評価も当然上がります。

しかも、こうしたコミュニケーションをとることによって、上司の視点を身に付けることができます。私はいつも、「一段上の視点」をもちなさいと言っています。つまり、一般社員ならば「課長ならどう考えるか？」、課長ならば「部長ならどう考えるか？」を意識しなさいということです。俯瞰的《ふかんてき》に自分の立場や仕事をみることができるようになると、自分が何をすべきなのかがより明確になってくるはずです。

第二に、「上司の強みを知って、それを生かす」こと、これも大事です。

君の上司の実績は証明済みです。実力はあるのです。それをとことん学び、その力を利用することです。取引先の人脈をつかんでいる上司であれば、その人たちの特徴や対応策を教えてもらって、君の営業戦略に役立てるのです。情報通であれば、どこから貴重な情報を得ているのか、徹底的に研究しなさい。できる上司ほど、君を成長させるものはないのです。

第三は、さらに重要なもので、「上司への報告やコミュニケーションの仕方は、その人にもっともふさわしい方法を選択する」ということです。日々、情報がほしい上司もいれば、一定期間ごとにまとめて情報を上げてほしい上司もいます。あるいは、口頭で報告されることを好む上司もいれば、文書で報告してほしい上司もいます。それぞれの上司の特性に合わせた対応をすることを心がけるように。あくまでも、君が相手に合わせるのです。

最後の第四としては、「上司を驚かせてはならない」ということです。

何か問題が起きそうな兆候があれば、必ず事前に報告しておくこと。決して不意打ちを食らわしてはなりません。問題が起きる前であれば、上司もいろいろと手を打つことができます。それに、突発的なトラブルに対応するために、上司はすべての仕事を中断してトラブル解決に労力を割かなければならなくなるでしょう。これでは、君を信用することなどできません。

誰しも、悪い情報を上司に報告することは気が進まないものです。しかし、そうした情報ほど早く上司に報告しなければならないのです。

これら四つの「部下力」を、君の嫌いな上司と付き合う一つひとつの場面で、工夫をしながら、実行してみてください。だんだん風景が変わってきますよ。上司は君のことをなんとなく好きになってきます。なぜなら、君は上司のことを研究し、上司の望む方向で行動し、常にコミュニケーションをとっているからです。

君からの次の報告を楽しみにしています。

advice 19

リーダーとは、周りの人を元気にする人。

前の手紙では「部下力」について書きましたが、今回は「リーダーシップとは何か？」について書いておきたいと思います。

君は、身勝手な上司のことを、「あの人に、本当の意味でリーダーシップがあるとは思わない」と言っていましたね。それが正しいのかどうか、その上司に会ったことのない私には判断ができません。ただ、ひとつ言えるのは、「上に立つ人だからリーダー」というわけではないということです。役職や地位とリーダーシップとは、本質的には関係のないことなのです。

ひとりの女性を紹介しましょう。

セーラ・マリ・カミングスという、アメリカはペンシルベニア州出身のバイタリティのある方です。

彼女は今から約30年前に日本にふらっとやってきました。たどり着いたのは、長野駅から電車で北へ30分ほどのところにある小布施《おぶせ》町。そして、11代続いた老舗「桝一市村酒造場」で働き始めたことが、彼女の人生を大きく変えることになりました。

「ここに自分の居場所がある」と感じたセーラさんは、やりたいことがムクムクと湧き上がってきました。小布施は浮世絵師・葛飾北斎のゆかりの地です。晩年、小布施に逗留《とうりゅう》した北斎が、数々の名作を残した場所だったのです。そこで、彼女は、「町おこしのシンボルにしよう」と、例年ヴェニスで開催されていた「HOKUSAI」国際会議（北斎は日本より欧州での評価が高い）を小布施に招致しようと思い立ったのです。

提案を受けた町の人は、「そんなことできるのか?」と戸惑いました。しかし、彼女のモットーは「悩む前にまず行動」。早速、国際会議が行われるヴェニスや研究家の多いアメリカ、イギリスに飛び、ベニス大学やニューヨーク大学、ロンドン大学で教鞭《きょうべん》をとる、北斎研究の第一人者を説得して回ったのです。そして、「東京ですら難しい」と言われた国際会議を信州の片田舎で開催することに成功したのです。

長野冬季オリンピックのときには、アン王女と英国選手団の〝民間特命大使〟を務めました。そして、選手団へのおみやげとして、五輪カラーの蛇の目傘150本を3か月以内につくろうと決意。30軒の傘メーカーに断られながらも、粘り腰で交渉を続け、ついに京都の内藤商店を口説き落としたのです。もちろん、英国選手団は大喜びです。

また、「町の人たちはコミュニケーションの場を求めている」と考え、毎月一回ゾロ目の日（たとえば4月4日）に開催する町民参加型のイベントも立ち上げました。名づけて「小布施ッション」。著名人を講師に呼ぶなど、知的で遊び心に満ちた内容で、町民はもちろん多くの来訪者を呼び寄せています。

どうですか？　すごい行動力でしょう？

このほかにも、いくつものプロジェクトを成功させています。その結果、人口1万2000人の町に、毎年100万人を超える観光客が訪れるようになりました。セーラさんが町にやってきたことで、小布施は一気に活性化したのです。

もちろん、これらの事業は彼女ひとりの力で成し遂げられたわけではありません。周りの人々の協力を得ることができたからこそ、実現にこぎつけたのです。

では、なぜ、周りの人は彼女を応援したのでしょうか？

私は、それが知りたくて、セーラさんにインタビューするために小布施まで出かけることにしました。

お会いして、すぐに心をつかまれました。人から好かれる人間性をもつ、極めて魅力的な方だったのです。彼女がいるだけで、その場の空気が和やかになるようでした。その生来の明るさが、多くの人を魅了したのは間違いありません。

しかし、それだけで周りの人を巻き込むことができたわけではないでしょう。むしろ、それは本質ではない。それ以上に、彼女の生きる姿勢に、心を打つものがあったのだと思います。

彼女が小布施について語るときの真剣なまなざし。その言葉に込められた深い説得力。私は彼女と話しながら、いかに彼女が小布施を愛しているかを実感しました。そして、小布施に貢献したいと本気で考えていることがひしひしと伝わってきました。

だからこそ、彼女は、どんな困難が立ちふさがっても、あきらめることなく一歩ずつ前に進んでこれたのでしょう。彼女自身、「私に何か能力があるとすれば、それは粘り強さです」と話してくれました。

そんなセーラさんのパッションあふれる姿に、周りの人たちは感動し、力になりたいと思ったのではないでしょうか？

私は、このような人こそ、「真のリーダー」なのだと思います。その人の存在そのものが、周りの人たちを元気にする。その人がいるだけで、周りの人にも自然とやる気が湧いてくる。そして、「また、この人と一緒に仕事がしたい」と思える。そんな人こそが、リーダーなのです。


ですから、政治家や社長が、必ずしもリーダーというわけではありません。上司も部下もなければ、ベテランも新人もない。どんなところにもリーダーはいますし、誰もがリーダーになることができるのです。

遼君、君は、職場でリーダーシップを発揮できていますか？「いい仕事がしたい」「いい職場にしたい」と本気で思っていますか？そのために、あきらめずに努力していますか？そして、周りの人たちのやる気をかきたてる存在になれていますか？

上司の悪口を言いたくなったら、少しだけ自問してほしい。

自分はリーダーたりえているか、と。

advice
20

信頼こそ最大の援軍。

君は、職場の仲間と旅行に行ったそうですね？　楽しかったですか？　入社して1年、職場にもだいぶ馴染《なじ》んできたようで、私もとても嬉しく思っています。

ときには、職場の人とプライベートをともに過ごすのはとてもいいことです。なにしろ、一日のうち家族よりも長い時間を過ごす仲間たちです。そうした人たちと人間的なつながりをもてないとしたら、そんなに寂しいことはないですよ。

もちろん、会社はあくまでも戦闘集団です。社会に価値を提供しながら利益を確保するのは、とても難しいことです。だから馴れ合いになってはいけませんし、メンバーを厳しく律する必要もあります。しかし、その根底に信頼関係がなければ、決していい仕事はできないのです。

私は、『部下を定時に帰す仕事術』（WAVE出版）という本を書きました。これは、仕事を効率的に行うためのノウハウの塊のような本です。だから、「効率的仕事術」について質問を受けることが多いのですが、いつも言っていることがあります。それは、「仕事を効率化したければ、同僚と信頼関係を築きなさい」ということです。

考えてもごらんなさい。君は信頼できない上司に、トラブル案件のことをすぐに報告できますか？　普通、また何か言われるのではないかと躊躇《ちゅうちょ》しますよ。でも、いろいろ考え、やはり報告しなければいけないからといって重い腰を上げる。しかし、この躊躇した時間がすでにムダなのです。

逆も然りです。君が周りの人から信頼されていなければ、君の頼みごとを率先してやってくれはしません。その結果、協力し合えば簡単に終わる仕事を、ひとりで時間をかけてやらざるを得なくなるでしょう。

会社の仕事というのは、ひとりでしているわけではありません。君ひとりで完結できる仕事もなかにはあるかもしれませんが、ほとんどの仕事は〝団体競技〟として行われるのです。そこに信頼関係がなければ、いくら一人ひとりが効率的に仕事を処理したとしても、チーム全体としては乗数的にロスが発生してしまいます。その結果、君の仕事の効率性も低下してしまうのです。

では、信頼を築くにはどうしたらいいのでしょう。

まず何より「真摯《しんし》である」ことです。会社に着いたらきちんと挨拶をする。自分に与えられた仕事は、責任をもって誠実に遂行する。上司からの指示がよく理解できなかったら丁寧に確認する。仕事でミスをしたら関係する人にきちんと謝る。そうした真摯な行動をとることが周囲の人たちとの信頼関係を築き上げる最短の道です。

そして、それを可能にするのが「正しいコミュニケーション」と「良質なコミュニケーション」です。

まず、仕事に関する情報は正しく伝えるコミュニケーションを心がけてください。

前にも書きましたが、仕事を始めるにあたって、「その仕事の重要性」「締め切り」「品質基準」「前提となる事実」などを確認するのは極めて重要なことです。そのためには、相手の真意をしっかりと聞くことが大切です。そして、不明確な点や疑問点があれば質問をする。こうしてチーム内で情報をしっかりと共有化するのです。

これを中途半端にしてしまうと、信頼関係は簡単に崩れてしまいます。

たとえば、上司の不明確な指示を確認もせず、部下が自分の思い込みで仕事を始めたとします。すると、上司は「1時間で簡単に仕上げてくれ」と思っているのに、その3倍の時間をかけて要求以上の仕事をしたりするという齟齬《そご》が生じます。

それで、上司が「何をやっているんだ？」と叱責《しっせき》すれば、当然、部下は不満を募らせるでしょう。私に言わせれば、不明確な指示をした上司も悪ければ、確認をしなかった部下も悪い。お互いがほんの少しのコミュニケーションの手間をかけなかったがために、信頼を損ね合っているのです。これは、とても愚かしいことです。

しかし、日本には「あうんの呼吸」や「以心伝心《いしんでんしん》」を重んずる文化があるため、ついついコミュニケーションを省いてしまうことが多い。だから、君も十分に気をつけなさい。多少うるさがられても、仕事に関する情報のやりとりは正確を期したほうがいい。そのほうが、信頼関係を傷つけるリスクを減らすことができるのです。

プライベートな人間としての良質なコミュニケーションも重要です。

会社では仕事をし、その結果を出すことが求められています。しかし、チームの一人ひとりは家族をもち、コミュニティに住み、さまざまな個人的事情を抱えています。

また、映画やスポーツ、旅行など個人的趣味をもち、そうした時間を大切にしたいとも思っています。そういう人たちがともに会社で働いているわけですから、個人の事情がときどき仕事の場面に顔を出します。ですから、そのことを理解し、それなりの配慮をすることが求められます。

たとえば、両親の介護をしなくてはならない人には時間を気にしてあげなくてはならないし、人事異動もよほど考えてあげなくてはなりません。

あるいは、鹿島アントラーズの熱狂的ファンなら、勝った翌日に「昨日はよかったね。やはり強いね」と声をかけてあげたらいいでしょう。

私の母校・秋田高校が甲子園に出場したとき、どうしても応援に行きたくて、上司に午前中だけ休みをもらえるようにお願いしたことがあります。上司は、「そうか、君のところの高校が出場したのか。行ってきたまえ。うらやましいよ」と休暇願いを認めてくれたので、家族5人で甲子園に応援に行くことができました。そのとき以来、その上司を心から好きになったものです。

こうした信頼関係を築くことができれば、計り知れないパワーを発揮します。仕事をしていれば、いろんなことがあります。職場で意見が対立したり、意思疎通《いしそつう》がうまくいかずにトラブルになることもあります。しかし、そんなときでも、信頼関係があれば、自然ともとに戻ろうという力が働くのです。お互いにわかり合おうとし、支え合おうとする気持ちがあれば、多少の困難は乗り越えていけるのです。

私たちはビジネスマンである前に人間です。仕事中は各々の役割を演じなければなりませんが、ときにはその役割を脱ぎ捨てて素の人間として向き合ってみることです。

気の合う仲間とだけ信頼関係を築くのではありません。苦手な人、どうも好きになれない人、職場にはいろんな人がいます。そういう人とも、語り合う時間をつくるように工夫してみなさい。君が、その人に対して人間的な関心を抱き、じっくり耳を傾ける姿勢を示せば、きっと何がしか共感できるものを見出すことができるはずです。

それは、君を幸せな気分にしてくれます。

そして、職場に張り巡らされた信頼関係は、君の最大の援軍となってくれるでしょう。

advice
21

君の幸せのために、
弱い人を助けなさい。

遼君、君も入社3年目になったのですね。もう、そろそろ世の中のことが見えてきたころでしょうか？　成績が部門トップ3に入ったとのことで、仕事でも結果が出始めているようですね。入社当時と違って、言動にも自信が窺えるように感じました。

しかし、先日、君の話を聞いていていちばん嬉しかったのは、そのことではありません。君は、ときどき悩んでいる後輩の話を聞いてあげているそうですね。その変わらない君の優しさが嬉しかった。

職場には、何かに困っている人や立場の弱い人が必ずいます。右も左もわからない新入社員はもちろん、実績を出せない人、病気がちな人、自己主張の弱い人……。君にはぜひ、そういう人たちに手を差し伸べてほしいと願っています。ときには、君に心の余裕がなく、それが難しいときもあるかもしれません。それでもなお、弱い人たちに手を差し伸べるように努めてほしい。それが、君の幸せにつながるからです。

「2：6：2の法則」とよく言われますね。

職場で優秀なのは2割の人で、6割は普通の人、残り2割は〝落ちこぼれ〟だというわけです。これは、一面の真実です。たしかに、過去を振り返っても、全員が優秀な組織というのは見たことがない。しかし、ここで勘違いする人がいます。

2割の〝落ちこぼれ〟を切ってしまえば、もっと強いチームができると考えてしまうのです。知り合いに聞いた話ですが、彼のいた会社では、〝落ちこぼれ社員〟をいじめて退職に追い込んだ部署があったそうです。しかも、退職後、部門長がいじめのリーダー格だった社員の肩を叩いて、「よくやった」と言って笑ったそうです。私は、このような会社は決して強くなることはないと思います。

組織というものは、構成員全体のトータルで決まります。これまで数多くの職場を見てきましたが、優秀な2割の人だけ生かして仕事をしようとするチームは、それほど大きな成果を得ることができませんでした。あるいは、〝落ちこぼれ〟の2割を入れ替えても、新たな「2：6：2」が出来上がるだけです。そうではなく、〝落ちこぼれ〟も含めた全体を底上げすることが肝心なのです。

そのためには、弱い人にも力を発揮してもらわなければなりません。多少の手間はかかりますし、面倒なときもあるかもしれませんが、必ず底上げは可能です。決して、人を潰してはいけません。だから、もし、君の周りに十分に力を発揮できていない人がいたら、そっと支えてあげてほしい。その人が成長するかどうかはその人の努力次第ではありますが、周りのサポートがあればいっそうがんばる力が湧いてくるはずです。

しかも、「強い」か「弱い」かは相対的なもので、誰でも「弱い立場」に立たされる可能性があります。

もしも、今、君が職場で〝優秀な2割〟に入っていたとしても、別の部署に異動になったり、転職すれば「弱い立場」に立たされるでしょう。新しく上司になった人とそりが合わないだけでも「弱者」になりうる。病気になるかもしれないし、怪我をするかもしれない。家族に何らかの問題が起きて、仕事に100%の力を注げなくなるかもしれません。これは、あらゆる人が抱えているリスクなのです。

だから、そばにいる者同士、助け合うことです。

君は、ユニクロの障がい者雇用率が約4・6%だということを知っているでしょうか？　法定雇用率は2・3%ですから、それを大きく上回る水準です。従業員5

000人以上の企業としては、ずばぬけた雇用率なのです。

なぜ、こんなにも障がい者雇用に積極的なのでしょうか？　もちろん、社会貢献という意味合いもあります。しかし、それだけではないと柳井正会長は言います。

「障がい者と一緒に働くことで、彼らをサポートしようとほかのスタッフたちが協力しあうようになった。その気持ちが従業員同士、さらにお客さまに対しても向けられるようになり、結局は売上アップにもつながった」

これは健常者同士でも同じことです。仲間同士で助け合い、支え合うなかで、困難な仕事に立ち向かおうという機運が生まれるのです。何より、そのような職場で働くのは楽しいですよ。楽しいからこそ人は仕事に励み、結果も出せるようになるのです。

それだけではありません。弱い立場の人を助ければ、いずれ君に大きなリターンが返ってくるでしょう。私の経験を紹介しましょう。

あれはたしか、私が40代のころです。隣の部署の若い女性が、その上司に辞表を叩きつけたことがあります。私は、社内横断プロジェクトで彼女と一緒に仕事をしたことがあり、その人柄、能力を買っていました。ただ、直属の上司との折り合いが悪かった。しばしば衝突し、上司からは理不尽な仕打ちを受けたようです。それで、我慢できず退職を願い出たわけです。

このことが私の耳に入ったのは、出張に出かける直前のことでした。そのため、やむなく私の信頼する人に、彼女を慰留《いりゅう》するように頼みました。ところが、その日の夜、彼に電話をすると「説得したけれど意志が固い。難しいです」と言います。それで、翌日の朝、私は彼女に直接電話をして1時間以上も話しましたが、意志を変えてはくれませんでした。それでも、私はあきらめきれず、もう一度夕方に電話しました。すると、ようやく彼女は「辞めずにがんばってみる」と言ってくれたのです。

その後、彼女はアメリカに留学して勉強をし、今では東レで重要な仕事を任される存在にまで成長しました。あれから約20年――。私が東レ経営研究所社長を退任するときに、彼女が中心になって「感謝の会」を開いてくれました。そして、「あのとき佐々木さんが慰留してくれなかったら、今の私はありません。本当にありがとうございました」と涙ながらに伝えてくれたのです。こんなに嬉しいことはありませんよ。しかも、「佐々木さんが亡くなるまで、この会を続けます」と言ってくれました。長い時を経て、私のもとに最高のプレゼントが届いたのです。

私は、東レで一定の仕事を成し遂げたことに達成感を抱いています。一つひとつの仕事を思い返すと誇らしい気持ちにもなります。しかし、今の私にとってもっとも価値があるのは、こうした仲間たちとの心の交流です。もしかすると、人とは、これさえあれば、「あぁ、これまでがんばってきてよかった」と思えるのかもしれませんね。会社を去る今、このことを噛みしめています。

遼君、誰かを助けるのは、決してその人のためではありません。君自身の幸せのためなのです。だから、惜しまず手を差し伸べてください。

advice 22

自分を偽らず、素のままに生きなさい。

若いうちは、背伸びをしたくなるものです。

これは、いい面もあります。自分の実力よりも高い目標に挑むことで、人は成長するからです。ただし、実際の自分より大きくみせようとしたり、格好つけようとするのは感心しません。

私も、若いころはちょっと肩に力が入っていて、少し格好もつけていました。本当はよくわかっていないことで知ったかぶりをしてしまったり、上司から叱責されて落ち込んでるのにムリに笑い飛ばそうとしたり……。ちょっと恥ずかしい思い出ですね。しかし、いつしか、そんなことをしてもあまり意味がないことに気付いて、自然体で働くようになりました。

私はこれまで、実にさまざまな人と出会ってきました。

口数は少ないけれども我慢強く仕事に取り組む人もいれば、強気の発言が多いけれどいざとなれば逃げ出す人もいます。いつも丁寧な話し方をするけれど本当は冷たい人もいれば、相当激しく怒ることもあるけれど面倒見のいい人もいます。偉くなってさらに腰の低くなる人もいれば、偉くなって格好をつけ出す人もいます。

人それぞれの表現の仕方があり、まさに百人百様です。ただ、ひとつ言えるのは、本当の自分を隠そうとしても、それはムダなことだということです。

会社人生とは長いものです。そして、周りの人は、じっとその人のことを見ています。10年もすれば、本当はどういう人なのか知れわたってしまうものです。どんなに自分を偽ろうとしても、自分をよりよく見せようと飾ってみても、ほとんど意味がないのです。

自分を偽るのはつらいことです。嘘が露見しないために、四六時中、気を張っていなければならない。ちょっとしたことで破綻しないかとビクビクとしている。しかも、それすらも周りの人はお見通しです。

だったら、わざわざ演技する必要などないではありませんか？

君が感じたとおり、そのまま素直に表現したらいいと思います。君が仕事で失敗して上司に怒られて、つらくて口惜しかったら泣いたっていい。仕事がうまくいって褒められたら、飛び上がって喜んでもいい。つらいときに元気な顔を演ずるのは健気《けなげ》ではありますが、あくまで演技でしかありません。君が本当はどう感じているのか、周りの人は皆わかっているのですから。

もちろん、自分の欠点は直そうと心がけなければいけません。しかし、直すことと隠すことは異なります。気が弱くても、気が短くても、根気がなくても、それを素直に表現すれば、ほとんどの人はそんな君を受け入れてくれますよ。そして、励ましてくれたり、アドバイスしてくれたりするはずです。素直になることによってこそ、君は成長することができるのです。

逆に、自分をありのまま素直に表現することができれば、実に「生きやすい」です。無理にポーズをつくらず、自然体なのですから当然のことです。私は、家でも職場でもどこでも自然体で過ごしていますから、ヘンな気遣いもなく、晴れ晴れとした気持ちで日々を過ごしています。

何も恐れることはありません。

君の素のままに生きてみなさい。きっと、毎日がもっと楽しくなりますよ。

何か、君が問題を抱えたときも、できるだけそのことをオープンにしたほうがいいでしょう。多くの人が、君に手を差し伸べてくれるはずです。

これは、私の実体験からもいえることです。

実は、私は長い間、会社ではごく限られた人にしか、家庭の事情を話していませんでした。やはり、どこか恥ずかしいことのように思えましたし、仕事上で不利になることも心配だったからです。

この間、私は孤軍奮闘していました。

1996年に大阪勤務の辞令を受けたときはつらかったですね。当時、自閉症の影響でやや不安定だった俊介を、横浜の自宅から遠くない地域でひとり暮らしをさせていました。しかも、そのサポートを、妻ひとりの手に委ねることができない状態でした。子どもたちの通学のことを考えても、大阪に引越しするわけにもいきません。そこで、単身赴任をしながら極力、自宅に戻って家族を支える生活設計を考えました。

月曜日から金曜日までは大阪で仕事をし、毎週金曜の夜、横浜に飛んで帰り、俊介と一緒に自宅に戻ります。土曜日は家族と一緒に過ごしますが、日曜日には俊介を連れて彼のアパートに行き、一週間分の家事をします。そして、月曜日の朝一番の新幹線で大阪に戻るという生活。職場では努めて明るく振舞ってきましたが、1週間のうちに3度寝床を変えるのは結構きついものがありましたね。

そして、大阪での単身赴任のあと再び東京へ戻ったとき、妻の自殺未遂をきっかけにすべてをオープンにせざるを得なくなりました。

そのころ、妻はいつも「死にたい」と言っていましたから、何かあったときに妻の死に目に会えないかもしれないと考えたのです。そこで、職場に家族か病院から何らかの知らせがあれば、会議中であっても、外出中であっても、必ず私に連絡してくれるように同僚にお願いしました。

勇気のいることでした。

しかし、その結果、何かデメリットがあったか？

ほとんどありませんでした。むしろ、メリットばかりでした。

職場の仲間は皆、心配してくれて、「佐々木さん、早く帰ってあげてください」「後は、私たちがやっておきますよ」と温かい声をかけてくれました。それが、どれほど私の心を支えてくれたことか。人の情けが身に沁みました。私が逆風を行きぬくことができたのは、職場の仲間のおかげでもあったのです。

だから、ひとりで悩みを抱え込まないでほしい。

困ったことや悩んでいることがあれば、素直にそれを周りの人に伝えてみてください。君が日ごろから信頼関係を築いていれば、必ず手を差し伸べてくれます。

そして、周りの人との絆をもっと深めることができるはずです。

advice 23

逆風の場こそ、君を鍛えてくれる。

遼君、しばらくご無沙汰していました。

元気ですか？

この春に異動になったそうですね。入社して5年。せっかく、営業の仕事にも慣れてきたタイミングだったでしょうから、がっくりきたかもしれません。

しかも、異動先は、君が望まない部署だそうですね。お父さんから、君が力を落としていることを聞きました。

でもね、君を慰めるつもりはまったくありません。

むしろ、「チャンスを生かせ」と言いたくて、この手紙を書き始めました。


君の異動の話を聞いて、真っ先に思い出したことがあります。

私が就職した直後のことです。

当時、よく一緒に遊んでいた同期生がいました。なかなかいい男でね。豪快に酒を飲んで、豪快に笑う好漢だった。今でも、ときどき会いますが、まったく変わらないですね。

あれは、新入社員研修が終わって、配属が発表になった日の飲み会でのことです。彼と大喧嘩になったのです。

私は、配属先には特に興味がなくて、配属希望の面談のときも「どこでもいい」と言っていました。後で聞いたら、入社直後、人事の担当は私を営業に配置しようと考えていたようなのですが、直前になって営業から企画管理に配属が変更になったのです。一方、彼は就職試験のときから、「ぜひ、企画の仕事がしたい」と熱望していました。ところが、配属になったのは購買部門でした。

それで、彼が酔っ払って「おい、佐々木。なんでお前が企画管理で、俺が購買に行かなきゃならないんだ?」とからんできたのです。私が、「知らないよ。俺はどこだっていいんだ」と言うと、彼が激怒してね。「どこでもいいとは何だ!」と大声を出した。私も譲らなかった。「じゃ、企画管理がどんな仕事をして、購買がどんな仕事をしてるのか説明してみろよ」と問い詰めました。彼は、結局、答えることはできませんでした。

今、思えば、自分が希望する部署に行けなかった彼に対する配慮が足りなかったかもしれません。しかし、私は一貫して、どこに配属になっても関係ないと思ってきました。

前にも書きましたが、仕事はやってみなければわかりません。どんな仕事にも面白いところもあれば、面白くないところもあります。とにかく、目の前にある仕事を運命だと引き受けて、力を尽くせば、必ずそれなりに道が拓かれると思います。

むしろ、日陰と言われるような部署を経験したほうが人間として強くなる。他人の苦労もわかるようになる。そういう意味では、それはチャンスなんです。

実際、彼だって、その後、ビジネスマンとして素晴らしい活躍をしましたからね。「そら、みたことか」とでも言ってやりたいですよ。


花形の職場で働くというのは、ある意味では幸運なことかもしれません。チヤホヤされるし、業績もいい。しかし、えてして、ビジネスマンとして大成しないことがあります。

それは、会社に長く勤めて、多くの人を見てくればわかることです。誰が伸びるか、誰が伸び悩むか。伸びるのは、日陰の部署で、気持ちを腐らせずにがんばってきた人に多いのです。

東レにはいくつも事業部があって、商品ごとに担当する営業体制をとっています。

当然、シェアトップの商品もあれば、ジリ貧の商品もあります。シェアトップの営業担当はいいですよ。放っといても売れますからね。それで、勘違いをして、肩で風を切って歩くようになる人もいる。私にすれば、「業績がいいのは君のおかげではなく、商品のおかげでしょうが」と思います。

一方、売れない商品の営業担当はつらいですよ。お客さまのところに行って頭を下げて、粘って粘って、その挙句、断られる。会社に戻れば、「努力が足らん」と怒られる。ですが、精神的には逞《たくま》しくなりますよ。なんとか結果を出すために、知恵も絞る。足腰の強い人物に育つわけです。大成するのは、こういう人なのです。

私が注目する経営者のひとりに、帝人で社長をされた安居祥策さんがいます。その後は、請われて日本政策金融公庫の総裁も務められました。

この方の経歴をみると、その約半分は社内の本流から離れたところを歩まれています。しかも、厳しい仕事が多い。特に、海外事業第2部長を務められたときはたいへんなご苦労をされました。

かつて、帝人は海外に過大投資をした時期があって、事業を整理する必要性が出てきたことがあります。要するにリストラですよ。その仕事を、海外事業第2部長として任されたのです。前向きな仕事ではなく、誰もやりたがらない〝汚れ仕事〟です。それを、安居さんは黙ってやり遂げました。

しかも、激務の合間を縫って、ともに働く部下の将来を案じて、この仕事が終わったあとの配属について何度も本社と交渉されたといいます。

その後も傍流を歩き続け、インドネシアの子会社社長に就任されたときに「これで終わりだな」と思ったそうです。ところが、急に本社に呼び戻されて役員に就任。その2年後に社長に抜擢《ばってき》されました。

安居さんは、下馬評《げばひょう》でその名前すら取りざたされていませんでしたので、業界も驚いたビッグニュースでした。前任社長の板垣宏さんは、「温室育ちはダメだ。

ちょっと冷や飯を食っているヤツのほうが役に立つ」とおっしゃったそうです。

これが、大正解でした。

安居さんのやり方は、〝普通のサラリーマン〟とは違いました。経営の権限を強めるとともに、社外取締役を導入して監視も強化。そのうえで、強力なリーダーシップのもと、事業の構造改革を大胆に進め、業績を回復させたのです。私は当時、安居さんの経営手腕を歯噛みする思いで見ていたものです。

去り際も見事でした。数年で結果を出して、すぐに後進に社長を譲ったのです。私は「ライバル会社のこと」ながら、その生き方に深い感銘を受けたものです。


遼君、会社では、君がどこにいようとも、皆が君のことをじっと見ています。日陰の部署で苦労しているときも、不遇をかこっているときも、ずっと見守っているのです。そこで精一杯やれば、「あいつはがんばっている」「あいつは根性がある」と認める人が必ず現われます。そして、結果を出せば、必ずリターンがあります。

世の中は捨てたもんじゃない。

がんばる人、努力する人が、最後の最後まで不遇などということはほとんどないですよ。志があって、周りの人を大事にしていれば、必ず誰かがそれを見ているのです。

だから、職場の良し悪しで一喜一憂しないことです。

いや、むしろ、不遇な部署にいくことを「チャンス」だと思ったほうがいい。

いちばん危険なのは、順風満帆のときです。自分を過大評価して、尊大になってしまう恐れがあるからです。

本流から、ちょっと外れた道を歩むくらいがいいのです。

逆風の場こそ、君を鍛えてくれるのです。

第5章

とことん自分を大切にしなさい

Words of advice for young business people

advice
24

運命を引き受けなさい。
それが、生きるということです。

先日は、わざわざ家まで来てくれてありがとう。

久しぶりに会えて、とても嬉しかったですよ。仕事もがんばっているようですね。会社での出来事を話す君の顔を見ながら、ずいぶんと逞《たくま》しくなったものだと感じました。どこか、覚悟のようなものが伝わってきました。

思えば、社会人になってからいろんな経験をしてきましたね。仕事がうまくいかなくて悩んだ時期もあったし、大失敗をして落ち込んだこともあった。苦手な上司の対応に苦慮したこともあったし、不本意な異動に力を落としたこともありました。

しかし、君は、困難から逃げることなく、その一つひとつを乗り越えて、ここまでがんばってきました。きっと、そうしたことの積み重ねが、君に、何があってもそれを引き受けようとする覚悟を育ててくれたのでしょう。

人生を生き抜いていくには、その覚悟こそが大切です。

私たちは、誰しも運命を背負っています。

親や兄弟を選ぶことはできませんし、能力や容姿も天から授かるものです。どの時代を生きるかを選ぶこともできません。これらはすべて、運命として私たちに与えられるものです。それらを引き受けて、生きていくほかないのです。

「出会い」もそうです。

この世には、数多くの人々が生きています。そのなかで、誰と出会うのかを、私たちは必ずしもコントロールできるわけではありません。すべての出会いの背景には、無数の偶然の積み重ねがあります。何ものかに導かれるようにして、私たちは出会いを繰り返しているのです。誰と友人になり、誰と結婚するか――。これも、運命というほかありません。

仕事も同じことです。君は、無数にある会社のなかから、今勤めている会社に出会う運命にあったのです。

そして、会社における複雑な力学が働いた結果、配属が決まり、一緒に仕事をする上司や部下、取引先などが決まります。そこに、君の意志が入り込む余地はほとんどないと言っていい。君は、それらを受け入れるほかないのです。

ただ、私たちはその運命のなかで、改善するための努力をすることはできます。

君に与えられた才能は変えられないかもしれません。しかし、よい習慣を身に付ければ、その才能を超えることができます。上司の人間性も変えることはできません。しかし、君が適切なコミュニケーションをとれば、必ずそれなりの人間関係を築くことができます。たとえ、不遇なポジションに立たされたとしても、そこで腐らずにがんばり続ければ、いつか君を評価する人が現われるのです。

運命は、ときに厳しい逆風をもたらすこともあるでしょう。しかし、それを引き受け、その中で努力する覚悟をもち続けてほしい。

私の人生にも、苦しいときがありました。

覚悟を揺るがせるような試練が、次々と襲いかかったのです。

長男の俊介は自閉症という障がいをもって生まれました。自閉症とは先天的なものので、育て方で治るものではありません。私たち夫婦は、ほとんど毎日のように、彼をサポートするために走り回らなければなりませんでした。

最初に入った幼稚園の先生は自閉症に対する理解のない人でした。そのため、「この子は少し変わったところがあるから、それなりに面倒をみてほしい」と何度お願いしても、「特別扱いはできない」と拒絶され、結局、退園せざるを得ませんでした。

中学校では、激しいいじめにもあいました。学校側がきちんと対応しないために、私が同じクラスの生徒を自宅に呼んで、「弱い人をいじめるのではなく、励ましたり助けたりすることが大事なんだよ」と語りかけたこともありました。それでも、いじめはなかなか収まらなかったようです。

さらに、試練は訪れました。

妻の浩子が肝臓病を患い入退院を繰り返すようになったのです。しかも、俊介にまつわる心労に加え、自分の病気のために家族に負担をかけていることを気に病んだことから、うつ病を併発するに至りました。

この間、会社ではまるで私の力を試すかのように、さまざまな部署への転勤が繰り返され、東京と大阪を6度も異動せざるを得ませんでした。

妻のうつ病がひどかった時期には、経営企画室長という重責を担っていました。経営と現場の結節点に位置する要《かなめ》の役職でしたが、何人もの役員を上司とする立場でしたから、極めて大きなストレスを私に強いるものでもありました。

ときに叫び出したいような思いを抱えながらも、私は家族と仕事を両立させるために必死の思いで耐えていました。

しかし、決定的な出来事が起こります。

3度に及ぶ妻の自殺未遂です。

3回目のときは、もしも娘がたまたま発見しなければ、妻は命を落としていたでしょう。救急治療室に運び込まれた浩子は、7時間にも及ぶ大手術を受けました。娘からの急報を受けて会社から駆けつけた私は、手術室の前のベンチで待つことしかできませんでした。このときは、さすがの私も絶望感のなかにいました。「この人は今日助かっても、明日またするかもしれない。私は仕事もあるので、彼女を24時間見張っているわけにはいかない。ああ、この人は死ぬんだ」と。

この直後の私はほとんど限界にきていました。「何のためにこんなに苦労しているのか」と思い、「これはいったい何なのだ」「私の人生はどうなっているんだ」と、ほとんど自暴自棄の気持ちでした。

それでも、朝は訪れ、夜は来ます。私の気持ちも、少しずつ落ち着きを取り戻していきました。そして妻が、「ごめんな、お父さん、迷惑ばかりかけて」と心底情けなさそうに言うのを聞いて、「いちばん苦しんでいるのは彼女だろう。私ではない」と思い至ったのです。

「何のためにこんな苦労をしているのか」といった「何のため」という問題ではないのだ。要は、自分が出会った人生であり、自分が選んだ人生なのだ。それは運命として引き受けるしかない。恨んでも愚痴を言っても、事態は変わらないのだ――。

私は、そう自分に言い聞かせて、再び人生に立ち向かう気力を取り戻したのです。


その後、数々の偶然にも助けられて、妻のうつ病は徐々に回復へ向かいました。今では、すっかり元気になり、幸せな毎日を送ることができるようになりました。

妻からの嬉しいプレゼントもありました。テレビの取材でインタビューを受けたときに、妻は「この人からは、親よりも深い愛情をいただきました」と言ってくれたのです。この一言が、どれだけ嬉しかったことか。

私は今、つくづく思います。

あのとき、自暴自棄の一歩手前で踏みとどまることができてよかった、と。あのとき、私は運命から逃げ出すこともできたかもしれない。そうすれば、楽になれていたかもしれない。しかし、もしそうしていたら、私はこの幸せを手にすることはできなかったのです。

いつも思い出すのは、「運命は引き受けよう」と言って微笑む母の姿です。26歳で未亡人になって、男4人兄弟を育てるために働きづめに働いた母です。しかし、母は愚痴を言うことなく、どんなときでもニコニコ笑っていました。

母は、いつも私の心の中にいました。そして、こう語りかけてくれたのです。

運命を引き受けて、その中でがんばろうね。

がんばっても結果が出ないかもしれない。

だけど、がんばらなければ何も生まれないじゃないの——。

私は、この言葉に支えられてここまで生きてくることができました。自分の人生を生き抜くことができたのです。

だから、遼君、今度は、私からこの言葉を君に贈りたい。

運命というものは、必ず幸と不幸を君にもたらします。しかも、幸と不幸がどのようなめぐり合わせで訪れるのか、誰にもわかりません。ときには、試練ばかり訪れる時期もあるかもしれない。

だけど、何があっても自分を見捨てないでほしい。「これが、自分の運命なのだ」と、踏ん張って引き受ける覚悟を捨てないでほしい。もしも、その運命から逃げても、そこには新たな運命が待ち受けています。そして、再び君に試練を与えます。私たちは、逃げ続けることはできないのです。

運命を引き受けることこそ、生きるということなのです。

advice 25

人を愛しなさい。それが、自分を大切にすることです。

先日は、手紙をありがとうございました。

再び異動になって、もとの営業担当に戻ったそうですね。それも、かつて君がさんざん悪口を言っていた〝あの上司〟に呼び戻されて、彼を補佐する立場に立つといいます。君の張り切っている様子が伝わってきて、私まで嬉しくなりました。

なんでも、君は営業部時代に、私の「部下力」のアドバイスを忠実に実行していたそうですね。それで、その上司も君のことを評価するようになっていたが、会社からの定期異動の要請で君を手放さざるを得なかったとか。しかし、異動当時に上司はそのことを口にしなかったから、君はすっかり〝外に出された〟のだと思い込んでしまった。

それにしても、手紙を読んでいると、君が彼のことをずいぶんと褒めるので、「前とはえらい違いだな」と少し可笑《おか》しくなりましたよ。しかし、どうですか？　その上司のことを嫌いだったときと比べて、今のほうがずっと会社に行くのが楽しいのではないですか？　やる気も違うはずです。面倒の伴う困難な仕事でも、積極的に取り組もうという気概が湧いてくるのではないでしょうか？

仕事に結果をもたらすのは、能力というよりも熱意です。そして、熱意を生み出すのは、一緒に働く人たちとの間の信頼関係であり、「その人たちのことが好きだ」という気持ちなのです。

今回、君はとても大事なことを学んだのではないかと思います。

私は、常々、部下に「自己中心主義」を説いてきました。

要するに、自分を大切にしなさいということですが、決して、人のことは放っておいて自分のことだけ考えなさいという意味ではありません。いや、むしろ、そのような生き方は「自己中心主義」に反します。なぜなら、人間とは、人に愛されることによって、はじめて自分を愛することができる存在だからです。そして、人に愛されるためには、まずこちらが相手を愛さなければなりません。つまり、人を大切にすることこそ、自分を大切にすることにつながるのです。「自己中心主義」を突き詰めていくと、「利他主義」にたどり着くのです。

ところが、これが難しい。

なぜなら、人間には「好き嫌い」という感情があるからです。

私たちは一緒に働く人を選ぶことはできません。それは、運命によって決められることです。当然、自然に好きになる人もいれば、そうではない人もいます。それは、避けようのないことです。そして、好きな人には利を与えようと思いますが、嫌いな人にはこれができない。放っておくと、ついつい嫌いな人に対して怒ったり、愚痴ったりしてしまうのです。

「好き嫌い」の感情を克服するのは簡単なことではありません。人間がもって生まれた自然な感情ですから、これに逆らうには我慢が必要だからです。我慢には苦痛が伴います。そして、苦痛は誰もが嫌うものです。

しかし、これはあくまでも〝目先の苦痛〟に過ぎません。長い目でみれば、〝目先の苦痛〟に耐えることによって、より大きなリターンを得ることができるのです。

人は誰しも、いいところもあれば、悪いところもあります。多くの場合、それらは表裏一体になっているものです。だから、常に、その人のよいところに着目することです。これを習慣にしてしまうのです。

私にも苦手な上司がいました。人のミスを目ざとく見つけて、それをもっとも痛手を与えるような形で指摘する人でした。正直、その言い方にはずいぶんと腹が立ったものです。しかし、それだって裏返せば、その上司が鋭い目をもっているということにほかなりません。

だから、私は、他部署に行ったときに、あえて「あの人は切れ者だからね」などと言って褒めたものです。すると、それがその上司にも伝わります。そのうちに、その上司の私に対する態度が少しずつ変わってきます。

自分を好きになってくれる人はすぐにわかります。好意的な表情で声をかけてくれますし、仕事の相談にも快く乗ってくれるようになります。そうなると、不思議なもので、こちらも本当にその人のことが好きになってきます。そして、その気持ちが相手に伝わり、さらに親密な関係になっていきます。

一度でも、こういう経験をすることができれば、〝目先の苦痛〟を我慢することの意味を身体で理解することができるでしょう。私も、このような努力を繰り返すことで、10人のうち5人しか好きでなかったのが、6人に増え、7人に増え、8人に増やすことができました。

これは、幸せな体験ですよ。想像してみてください。職場の大部分の人を好きになれたら、君は毎日会社に行くのが楽しいでしょう？　逆に、嫌いな人ばかりの職場だったらあまり行きたくないですよね？

人を好きになるということは、人を嫌いになることに比べて、ずっと幸せを感じるものです。なぜなら、誰かを好きになると、その人も君のことを好きになってくれるからです。そして、誰かに好意をもってもらえると、君はもっと自分のことを好きになれます。そして、自分のことが好きになれたときにはじめて、人は幸せを感じることができるのです。

私たちは、仕事を通して幸せになることができる――。

このことを端的に教えてくれるのが、私が尊敬する経営者のひとり、日本理化学工業㈱会長の大山泰弘さんです。

この方は、知的障がい者の雇用に生涯をかけてきた経営者です。『日本でいちばん大切にしたい会社』（坂本光司著、あさ出版）で紹介されて話題になりましたから、君も知っているかもしれませんね。大山さんは、障がい者雇用について考え続けることによって、人間が働くことの深い意義を見出されました。

大山さんは、ご著作である『働く幸せ』（WAVE出版）で「働」という漢字について考察しています。

「働」という文字は、日本でつくられた漢字だそうです。これを国字というのですが、語呂合わせのような形でつくられたものが多いようです。たとえば、陸にあがるとすぐに弱ってしまうから「鰯《いわし》」といった具合です。では、「働」という字はどういう意味が込められているのでしょうか？

大山さんは、人の道を説く僧侶が、「人のために動くことを、働くというのだよ。人のために動いていると、愛される人間になる。だから一所懸命働きなさい」という教えを込めてつくったのではないかと言います。

なるほど、そうかもしれません。

私たちの仕事は、誰かのために動くことにほかなりません。お客さまの役に立ち、同僚の助けになるために働いているのです。つまり、誰かに好意を届けようとしているのです。そして、好意は必ず私たちのもとに返ってきます。だから、一所懸命に働ければ、それだけたくさんの愛を得ることができるのです。

とはいえ、現実はそう簡単にはいきません。

人は不合理で、わからず屋で、わがままな存在です。どうしても、好きになれない人、許しがたい人というのはいます。仕事はできるけれども、周りの人を傷つけてなんとも思わない人。支配欲という「負」の感情にとらわれて、他者を見下して、好き勝手に操作しようとする人。こういう人々を好きになるのは、とても難しいことです。

しかし、私は夢想します。彼らをも愛することができるようになったら、どれだけ幸せだろうか、と。

憎しみは憎しみしか生みません。それは、「9・11」以降のアメリカとイスラム教徒の対立をはじめ、数々の歴史が教えてくれる真実です。どんなに理不尽な扱いを受けても、どんなに傷つけられても、私たちは、それでもなお、人を愛する努力を捨ててはならないのです。

もちろん、これは私にとっても挑戦です。私も、まだまだ「それでもなお」という言葉で、自分を磨き続けなければなりません。険しい道かもしれませんが、私はもっともっと幸せになりたい。そのためには、相手を許し、相手を愛する以外に道はないのだと思います。

だから、遼君、君にも人を愛してほしい。
それこそが、自分を大切にすることなのです。

エピローグ　13年後　文庫版あとがきに代えて

遼くん

しばらく音沙汰がないと思っていたら先日の電話で懐かしい君の声を聞きました。君も入社して今年で13年目の35歳ですが、たしか2年前に係長になったと言ってうれしそうに報告してくれて以来ですね。

君のことをよく理解してくれる上司にも恵まれ、仕事にも生きがいを感じ始めていたのに新型コロナウイルス感染症のおかげで働く環境が大きく変化したことが、君の不安や悩みを増大させているようですね。

テレワークを余儀なくされ、組織内のコミュニケーション不足も生じ、仕事がやりにくくてしようがないということが君の不安や不満の原因のようです。

働く環境も時代の流れもすべて変わっていくものです。

環境が変わったらそれに上手に対応してきたのが人類の歴史です。

コロナが発生した初期のころはテレワークの便利さやモチベーション向上がうたわれていましたが、逆にそのデメリットも多く見られ始め、会社によってはコロナ以降はテレワークを止めようなどというところも出てきました。

ですがテレワークの欠陥も、やり方や工夫によって是正されつつあります。

これはデジタル化の進化と人間の知恵の結果でしょう。

このデジタル社会の到来というのはコロナ禍が起こる前から起こっていた大きな変化です。

新幹線の予約や変更もスマートEXを使えば簡単ですし、タクシーなどはアプリを使えばすぐ来てくれます。

デジタルトランスフォーメーションというのはITの浸透が人々の生活をあらゆる面でよい方向に変化させることです。そのためあらゆる分野で、そして働き方の中にも大きな変化が起こり始めており、第四次産業革命（Industry 4.0）と言われています。

ですからこのデジタル化を働き方に生かさない手はないのです。

しかしどんなに社会が変化しようと、人として生きていく上で大事なことは変わりません。

その大事なことの筆頭は信頼関係といっていいでしょう。私の尊敬するスティーブン・コヴィー氏はその著書『7つの習慣』の中で、相手との信頼関係や安心感を、銀行口座の残高にたとえ信頼残高を高めなさいと言います。信頼関係は生きていく上での大事なインフラとも言えます。

遼くん、信頼関係があるとどういうことが起きますか？

仕事が円滑に進み、人間関係のトラブルが減り、困ったときに人が助けてくれるといった多くのいいことが起こります。

それでは信頼関係を築くにはどうしたらいいのでしょう。

素直で表裏がない、約束を守る、できないことや間違いは素直に認め謝る、嘘をつかないなどですね。

今日は、会社の中で仕事にも慣れ中堅社員として認められてあと2～3年で課長になろうとしている君に、こうした信頼関係を築ける人間になるために必要なことを伝えようと思います。

そして実は、それは君が13年前に社会人になったときに、私が君に伝えた25の言葉の中で何度か話したことでもあるのです。

大上段に構えて言えば「人はなんのために働くのか、なんのために生きるのか」ということを深く掘り下げることが大事なのです。

「人は何のために働くのだろうか」と問いかけられたら、多くの人は「自分の生活のために決まっている」と答えるでしょう。

誰でも若いころは「豊かな生活を送れるようになりたい」と願い、そのためには、早く仕事を覚えて一人前になろうとします。

しかしさまざまな経験をしていくうちに、人にとって働くことの意味は、少しずつ変わっていきます。

心理学者のアブラハム・マズローは「人間は自己実現に向かって絶えず成長する生き物である」と仮定し、人間の欲求を5段階の階層で理論化し最終的には自己実現の欲求のためとしました。

このマズローの欲求5段階説の最後の自己実現欲求の上に、もうひとつ欲求の階層があると私は考えています。それは「成長したいという欲求」です。

人はなぜ低次の欲求を満たしたら、そこで満足をせずに、より高次の欲求を満たすことへと意識が向かうのでしょうか。

それは「人間の心の中には、自分が成長することに喜びを感じ、さらに一層の成長を求める」という強い欲求が、「本能として存在している」のではないかと思います。

たとえばマラソンを趣味にしている人であれば、目標タイムをクリアできたときに、大きな充実感を覚えます。ピアノを趣味にしている人であれば、これまで弾けなかった曲が弾けるようになったときに、深い喜びを感じます。

これは仕事も同じで、若いときにはできなかったことが、経験を重ねるうちに次第にできるようになっていくのですが、そのようにして自分が成長していることを実感するとき、人は無上の幸せを感じ、更に高い目標に向かっていきます。

私は人生や仕事の結果というのは、「その人の能力と努力と人間性の総合力」だと考えています。

仕事をしていく上では、すばやく計算する力や新しい斬新な企画を出す力といったような能力が要求されます。

しかし能力があるだけでは、結果が付いてきません。

自分がなすべき仕事に真剣に向き合い、知恵を絞って努力＝熱意を重ねていかなければ、周りが評価するような結果は残せません。

ビジネスをしたり生きていく上ではこの能力と努力（熱意）は欠かせないものですが、この二つよりももっと大事なことは「人間性」「考え方」です。

「人間性」とは「その人の考え方の表れ」であり、「考え方」とは理念、哲学、思想などであり、その人が生きていく上での基盤・基軸としているものです。

つまり「人間性」とは、その人の生きる姿勢であり心のあり方なのです。

これが正しく設定されていなければ、あとの二つがいかに優れていても間違った方向への能力や努力ですから、何の価値もありません。

そしてこの「人間性」はもって生まれたものではなく、幼少のころの躾や教育、そしてその人の毎日の仕事を通じて形成されていくものです。

そして人が成長するということは、この人間性を磨くということです。

その人の生きる姿勢、つまり哲学や倫理観、いわばそのようなことをすべて包含したその人の「人格」そのものを磨いていくことが、人が生きる意義なのです。

働くということは、人にとって最も深く貴い行為です。そしてその働くということには、「よき心」がなければ結果が付いてこないのです。

ですから私は「人は自分を磨くために働く、そして生きる」と考えています。


そして、人が働く理由はもうひとつあります。

それは「人は何かに貢献するために働く」ということです。

人はマラソンやピアノのような趣味を通じても成長を実感できますし、仕事を通じてもそうです。どちらの成長も、自分にとって大きな喜びとなります。

しかし趣味と仕事とでは、決定的に異なります。

趣味の場合は、どんなに技能を磨いたり造詣《ぞうけい》を深めても、あくまでも「自分がそれを楽しむ」というレベルで終わってしまいます。

しかし仕事の場合は、自分の成長が、社会に貢献することにつながっていきます。つまり人を幸せにすることにつながるのです。

ビジネスマンであれば、たとえばチームリーダーとして部下を指導することは、部下の成長に貢献していることになります。また納期を守ったり、品質を向上させたりして顧客のニーズに応えることは、顧客に貢献することになります。

そしてその人が仕事を通じて成長すればするほど、より広く、より深く、社会や人びとに貢献できるようになります。

社会や人びとに貢献している実感を抱けることも、人にとって大きな喜びです。人は「誰かの役に立ちたい」「誰かに必要とされたい」という欲求が、やはりこれも私たちの心の中に本能に近いものとして存在しています。

人に貢献するということは「利他の心をもつ」ということです。

自分の利を求める心は人間活動の原動力であり、否定できないものです。しかしその自分の欲を、自己の欲だけに留めておくのではなく、他人の利も考えて行動することが人として求められます。

利己利他はいつも裏腹の関係にあることを考えておかねばなりません。

会社のためという行動をとるとお客さまの利益に反することがありますし、自分の家族のためという行動をとるとほかの家族や地域から反発を受ける可能性があります。

そのために低いレベルの利己から離れ、より広い視点から物事を見るようにして、「利己利他円満」の道を探らなくてはなりません。

自分の家族だけではなく地域のため、自分の会社より取引先のため、自分の国より世界のためといった利他の心をできるだけ広げ高めていくことが大切です。

私は、人は自分を磨く（成長させる）ため、なにかに（だれかに）貢献するために働く（生きる）と言いましたが、そういう気持ちや行動は必ず人から好かれ、評価され、それによって信頼されたり昇給したりするわけですから自分の幸せにつながりますね。

ですから人格を磨くこと、人に尽くすことは結局自分の幸せに通じることなのです。

遼くん、私が13年前に君に伝えたことは、これからの君のビジネスマン人生にも通じることなのです。

今後の活躍を祈っています。

著者紹介
佐々木常夫（ささき　つねお）

1944年、秋田市生まれ。1969年、東レ入社。自閉症の長男に続き、年子の次男、年子の長女が誕生。初めて課長に就任した1984年に、妻が肝臓病に罹患。その後、うつ病も併発し、計43回に及ぶ入退院を繰り返した。すべての育児・家事・看病をこなすために、毎日18時に退社する必要に迫られる。家庭と仕事の両立を図るために、「最短距離」で「最大の成果」を生み出す仕事術を極めるとともに、部下をまとめ上げるマネジメント力を磨き上げた。

そして、プラザ合意後の円高による業績悪化を急回復させる「再構築プラン」のほか、釣具業界の流通構造改革、3年間で世界各国に12件、計約1000億円の設備投資を実行するグローバルオペレーションなど、数々の大事業を成功に導く。

2001年、同期トップ（事務系）で東レの取締役に就任。2003年より東レ経営研究所社長、2010年に同研究所特別顧問となる。この間、妻の3度に及ぶ自殺未遂など幾多の苦難を乗り越えてきた。

社長に就任した頃から妻のうつ病は回復に向かい、現在は快癒。

強い絆に結ばれた家族と幸せな生活を送っている。

経団連理事、政府の審議会委員、大阪大学客員教授などの公職も歴任。「ワーク・ライフ・バランス」のシンボル的存在である。

著書に『完全版　ビッグツリー』『部下を定時に帰す仕事術』『そうか、君は課長になったのか。』『これからのリーダーに贈る17の言葉』（以上、WAVE出版）、『50歳からの幸福論』（リベラル社）、『40歳を過ぎたら、働き方を変えなさい』（文響社）、『［図解］人を動かすリーダーに大切な40の習慣』（PHP研究所）など多数。

［オフィシャルWEBサイト］
https://sasakitsuneo.jp/

本書は、2010年11月にWAVE出版より発刊された作品に、加筆・修正を加えたものである。

PHP文庫 働く君に贈る25の言葉

2022年12月16日 第1版第1刷

著者 佐々木常夫
発行者 永田貴之
発行所 株式会社PHP研究所
東京本部 〒135-8137 江東区豊洲5-6-52
ビジネス・教養出版部 ☎03-3520-9617(編集)
普及部 ☎03-3520-9630(販売)
京都本部 〒601-8411 京都市南区西九条北ノ内町11
PHP INTERFACE https://www.php.co.jp/
組版 有限会社エヴリ・シンク
印刷所 株式会社光邦
製本所 東京美術紙工協業組合

 ISBN978-4-569-90277-7

PHP文庫

遅読家のための読書術

情報洪水でも疲れない「フロー・リーディング」の習慣

印南敦史 著

なぜ「1ページ5分」かかっていた遅読家が「年700冊」読破する人気書評家になれたのか？　誰でもラクに1日1冊読めるようになる方法を公開！

田坂広志の本

すべては導かれている

逆境を越え、人生を拓く　五つの覚悟

田坂広志　著

自らの身に訪れた逆境の数々と、覚悟を定めたあとに起きた不思議な人生の転換を、「大いなる何か」に関する考察と共に語り尽くす。

PHP文庫

成功への情熱―PASSION―

稲盛和夫 著

一代で京セラを造り上げ、次々と新事業に挑戦する著者の、人生、ビジネスにおける成功への生き方とは？　ロングセラー待望の文庫化。

PHP文庫

素直な心になるために

松下幸之助 著

著者が終生求め続けた〝素直な心〟。それは、物事の実相を見極め、強く正しく聡明な人生を可能にする心をいう。素直な心を養い高め、自他ともの幸せを実現するための処方箋。

PHP文庫

こうやって、考える。

外山滋比古 著

「無意識を使いこなす」「愛読書は作らない」など、過去の膨大な著作から発想力を鍛えるためのヒントを集めた箴言集、待望の文庫化！